THE SECRETS OF GODS

希 臘 男 神 藝 術 圖 鑑

神話 × 名畫 × 希臘十大男神的祕聞傳說

作者 席路德

諸神的關係

赫費斯托斯
火與工匠之神

初代神 — 初代神
烏拉諾斯
（第一代天神）

蓋 亞
（大地女神）

阿瑞斯
戰神

二代神 — 二代神
克羅納斯
（第二代神王）

瑞 亞
（泰坦神）

赫斯提亞
灶神

黛美特
穀物女神

黑帝斯
冥王

波賽頓
海王

赫拉
天后

宙 斯
第三代神王

波瑟芬妮
冥后

神職	希臘神名	羅馬神名		神職	希臘神名	羅馬神名
神王	宙斯 Zeus	朱比特Jupiter		戰神	阿瑞斯Ares	馬爾斯Mars
神后	赫拉 Hera	朱諾 Juno		信使之神	荷米斯Hermes	墨丘利Mercury
穀物女神	黛美特Demeter	柯瑞絲Ceres		酒神	戴奧尼索斯 Dionysus	巴克斯Bacchus
冥王	黑帝斯Hades	歐爾庫斯Orcus		灶神	赫斯提亞Hestia	維斯塔Vesta
冥后	波瑟芬妮Persephone	普洛瑟菲妮Proserpina		太陽神	阿波羅Apollo	阿波羅Apollo
海王	波賽頓Poseidon	涅普頓Neptune		月神	阿特蜜斯Artemis	黛安娜Diana
智慧女神	雅典娜Athena	米娜娃Minerva		愛神	阿芙羅黛蒂 Aphrodite	維納斯Venus
工匠之神	赫費斯托斯Hephaestus	霍爾坎Vulcan		小愛神	艾若斯Eros	丘比特Cupid

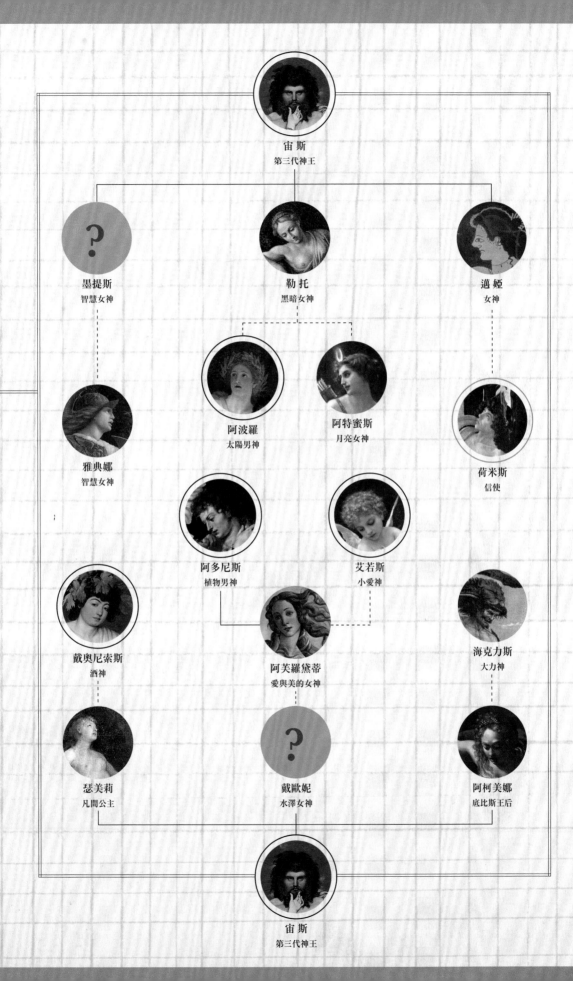

宙斯
第三代神王

墨提斯
智慧女神

勒托
黑暗女神

邁婭
女神

阿波羅
太陽男神

阿特蜜斯
月亮女神

荷米斯
信使

雅典娜
智慧女神

阿多尼斯
植物男神

艾若斯
小愛神

戴奧尼索斯
酒神

阿芙羅黛蒂
愛與美的女神

海克力斯
大力神

瑟美莉
凡間公主

戴歐妮
水澤女神

阿柯美娜
底比斯王后

宙斯
第三代神王

前言

　　寫《希臘男神藝術圖鑑》的契機很簡單，我的編輯看到了我的專欄，聯繫我是否可以寫一本關於「男神」的書，我覺得這個切入點很有趣，神話類的圖書有很多，但是將神祇中的男性拿出來專門討論的，似乎並不常見。經過近一年的寫作，終於將文字稿交給編輯，而書中插圖，我並不擔心，古往今來，源於神話的藝術創作數不勝數。總之，最後正如大家所看到的，《希臘男神藝術圖鑑》的正冊從我們較為熟悉的希臘男神開始，以神職切入，重點介紹了奧林帕斯山十二主神中的八位男神、小愛神艾若斯與美少年阿多尼斯，並以此展開，介紹其他神話中肩負相同神職的神祇們。

　　倘若將正冊中介紹的十位希臘男神進行分類，那麼第三代神王宙斯與他的兄弟波賽頓、黑帝斯的形象都是已成家立業、滿臉落腮鬍的中年男神；而年輕一代的神祇如阿波羅、荷米斯、阿多尼斯等，大多年輕俊俏（工匠之神赫費斯托斯除外），他們雖然遲遲不肯踏入婚姻殿堂，卻與山林、水澤仙女或凡人美女韻事不斷，這些故事構成了希臘神話的重要部分。但在這些我們熟悉的神話背後，還隱藏著許多較少為人知的傳說，有些是非常奇異和獨特的。

　　舉例來說，阿波羅為我們熟知的神職是太陽神，但這個屬性是較晚才發展出來的。在古希臘早期，他更多地被視作掌管音樂、詩歌、預言、醫藥、光明、法規等方面的神祇，《荷馬史詩》中稱他為遠射神、銀弓王。在古代地中海居民眼中，阿波羅最重要的職能之一，是發佈神諭。許多古希臘文獻中都有關於各城邦統治者在出征前去德爾菲請示阿波羅神諭的記錄。但鮮為人知的是，最初在德爾菲發佈神諭的並不是阿波羅，而是大地女神蓋亞（Gaea）。蓋亞的兩個女兒——正義女神提密斯（Themis）和泰坦女神弗伊碧（Phoebe）是她的助手，蓋亞之子巨蛇匹松（Python）則

守護著神石。但在後來的神話中，大蛇匹松的形象變得糟糕起來，它騷擾阿波羅的母親，最終被長大後的阿波羅用弓箭射殺。阿波羅希望用自己的神諭來指導人們，因而又奪取了神諭的發佈權。自此以後，德爾菲變成了阿波羅的聖地。

這樣的故事不勝枚舉。當然，本書涵蓋的不僅是十位男神的故事，我在一些篇章中穿插了番外篇，比如《古希臘美女閃避老司機宙斯指南》、《怪物家族》、《你不知道的十二星座》、《那些在眾神愛恨情仇中誕生的花》……它們展開故事情節，從多角度構成了一部完整的希臘神話。

最後，感謝督促我寫完本書的編輯，感謝為我精心繪製插圖的插畫師，感謝支持我的家人，也感謝一直關注《飛‧奇幻世界》神話專欄、豆瓣專欄和微信公眾號「三分鐘讀神話」的讀者們。讓我們翻開這本書，一起盡情欣賞世界各國神話中的「真」男神吧！

2019年2月20日

席路德

目錄

I 第三代神王——宙斯

Zeus

希臘神名／宙斯
羅馬神名／朱比特
妻子／赫拉
父母／克羅納斯（父親）、瑞亞（母親）
子女／阿波羅、雅典娜、阿特蜜斯、荷米斯、
阿瑞斯、戴奧尼索斯
主司／雷電、天庭
象徵物／雄鷹、公牛

❶ 諸神誕生

　　希臘各地神的數量之多令人吃驚。如果我們根據神職和特點將其分組歸類，大體有以下幾組：奧林帕斯山十二主神、創始神、地神（自然神）、豐產神（生殖神）、動物神、地下神、祖先或英雄神。不過組與組之間經常有交叉關係，有時一位神在各地有不同的名字，有時同一個名字代表不同的神，正如古希臘詩人賀希歐所說：「對於一個人而言，敘述出所有神的名字是件很麻煩的事。」

　　另一位詩人則發出如下感慨：「（因為空間都被神佔滿了）簡直沒辦法找出一個可以插進穀物穗尖的空隙。」他所吐槽的對象，主要是住在地上的那些神祇。首先是大地女神蓋亞，她被天空之神烏拉諾斯擁抱而受孕，生下了無數著名和不著名的神（其中最著名的是以克羅納斯為代表的十二泰坦神），這些神佔據了希臘諸神的一半。其次是一些溪流、泉眼、森林與海洋的寧芙（即仙女），諸如海洋寧芙尼勒伊德絲（Nereids），泉水寧芙納依雅德絲（Naiads），橡樹寧芙德瑞雅斯（Dryads）等，以及她們的父親河流之神們。

❷ 宙斯的崛起故事

　　諸神中最為人熟知的便是奧林帕斯山上的主神，說得更具體些，就是宙斯與和他風流韻事相關的神祇們。他們隨著阿哈伊亞人和多利安人前來，遮掩了邁錫尼原先的神的光輝——後者或被大神合併，或成了大神的僕從和侍者，這情形倒是很像小國依附於大的城邦。於是較為原始的儀式和鬼神逐漸消失，世界變得穩定有序起來，這也象徵著希臘諸邦政治的平穩發展。

（左圖）《獨眼巨人》雷東1898—1900年
（右圖）《克羅納斯吃掉自己的孩子》局部，魯本斯1636年

　　這個新世界的首領是掌握了雷霆的天神宙斯，第三代神王。在他之前，烏拉諾斯和克羅納斯都曾稱王。有一則神諭稱泰坦神王克羅納斯將被自己的兒子推翻，於是每當他的妻子瑞亞（Rhea）生下一個孩子，克羅納斯就將其吞下肚子。在克羅納斯連

續吞下五個孩子後，瑞亞想出了一個調包計：她用衣服包裹住一塊石頭，對克羅納斯謊稱這就是小兒子宙斯，然後把孩子送往克里特島，交給友善的山羊仙女阿瑪緹雅（Amalthea）撫養。

宙斯長大後，養母阿瑪緹雅向他說明他的真實身份與哥哥姐姐們被父親吃掉的經過。宙斯滿腔怒火，決定找父親復仇。他向第一任妻子泰坦女神墨提斯（Metis）表達自己的決心，於是墨提斯給了他一種藥，只要克羅納斯吃下肚，就會把之前吞下的孩子吐出來。宙斯按照墨提斯的指示救出了哥哥波賽頓（Poseidon）、黑帝斯（Hades），姐姐赫拉（Hera）、赫斯提亞（Hestia）、黛美特（Demeter），同時也解放了被父親打入地府的獨眼巨人和百臂巨人們。

《朱比特、涅普頓和普魯東》卡拉瓦喬，約1597—1600年

　　於是，在諸神和巨人們的幫助之下，宙斯向第二代神王克羅納斯和泰坦族發起了戰爭。

　　這是一場艱難的王權爭奪戰，雙方勢均力敵，好在獨眼巨人們是出色的工匠，他們製作了許多神奇的武器，如宙斯的雷電、波賽頓的三叉戟和黑帝斯的隱身頭盔，終於讓宙斯一方佔據上風，打敗了克羅納斯和泰坦族。泰坦們被囚禁在地獄深處的塔爾塔茹斯，由百臂巨人看守。這場奧林帕斯諸神與泰坦們的大戰也稱為泰坦之戰（Titanomachy）。

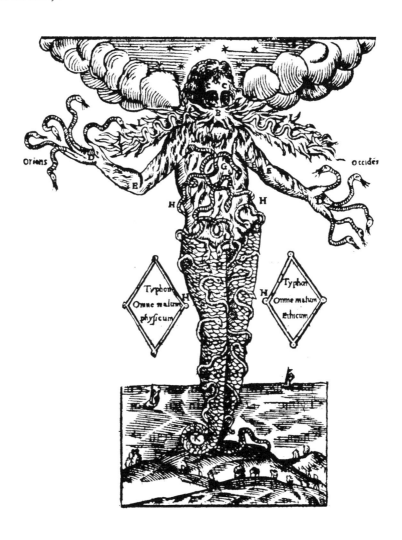

戰爭結束後，宙斯和他的兩個哥哥通過抽籤來分配這個世界的統治權，宙斯贏得了天上，波賽頓得到海洋，黑帝斯則獲得地下世界。

大地女神蓋亞得知自己的孩子被放逐到塔爾塔茹斯後大怒，於是率領巨人族向宙斯等諸神宣戰。這場戰役的結局是，諸神一方獲勝，巨人族被長埋於火山之下。儘管如此，諸神的地位仍未鞏固，他們還要接受泰風（Typhon）的挑戰。泰風是會噴火的百頭巨龍，一度把諸神打得屁滾尿流，他的母親蓋亞生下他，就是為了對付宙斯，但宙斯不停地施展雷電轟擊巨石，讓巨石砸向泰風，泰風終於筋疲力盡，被宙斯壓在埃特納火山下，人們至今仍能看到它噴出熱煙和岩漿。

這則神話裡並沒有談到創世，因為世界在諸神之前便已存在。人們一般認為創世之初只有渾沌巨人卡俄斯。賀希歐說，隨後誕生的是大地女神蓋亞、地獄深淵塔爾塔茹斯和令人魂不守舍的愛神艾若斯。

有一則希臘早期居民佩拉斯基人的古老神話稱，世界萬物是由一位女神創造的。創世之初，自渾沌中誕生了裸身的萬物女神尤瑞諾美（Eurynome），在發現沒有地方可供她踏足休息後，她將海洋與天空分離，在波濤之上孤獨起舞。她向著南方跳舞，在她身後形成的北風逐漸變成了一種新的、獨立的造物。她在旋轉起舞中抓住了北風，用手搓揉，由此創造了巨蛇俄菲翁（Ophion）。尤瑞諾美不停地跳舞，越跳越狂野，直到俄菲翁充滿欲望，盤繞在她神聖的肢體上與她結合（此後，名喚玻瑞阿斯〔Boreas〕的北風之神便能使萬物繁衍生息，古羅馬博物學家老普林尼因之在《自然史》裡說，母馬常常無須與公馬交配，只要將後臀朝向北風就能產下小馬駒）。尤瑞諾美就這樣懷孕了。隨後，她變成了一隻鴿子，在波濤之上產下一個宇宙蛋。在她的要求下，俄菲翁盤繞了宇宙蛋七次，直到蛋裂成兩半，從中誕生了她的孩子們，也就是萬物：日月星辰，以及孕育山川河流、樹木花草與其他生靈的大地。

❸ 好色是他的標籤

　　奧林帕斯山的諸神既非全能，亦非全知，他們之間相互抵制，甚至會互相拆牆腳，他們之中的任何一位，尤其是宙斯本人，都是可以被欺騙的。宙斯的一個顯著缺點是非常好色。賀希歐曾就宙斯的韻事列舉了一份很長的名單。在迎娶姐姐赫拉為正妻之前，宙斯有過六任妻子。

《朱比特、赫拉與維納斯》馬特烏斯‧特維斯頓（Mattheus Terwesten），年代不詳

　　他的第一位妻子是墨提斯，她是司掌度量、心靈與智慧的女神。「眾神之王最先娶墨提斯，因為她知道的事比任何神和人都多。」因為傳言她所生的兒子將要推翻宙斯，篡奪王位，宙斯就把懷孕的妻子一口吞下，吸收了她的神力並自成智慧之神。在那之後，他頭疼欲裂，只好讓人把他的頭劈開，隨即從他的前額蹦出了全副武裝的雅典娜。

《朱諾》杜波斯（Jacques Louis Dubois），年代不詳

　　之後，他追求了「容光照人」的泰坦女神提密斯，與她生下時序三女神和命運三女神。他追求「美貌動人」的尤瑞諾美，生下美惠三女神。他又打起了姐姐穀物之神黛美特（Demeter）的主意，他們生下了日後成為冥后的波瑟芬妮（Persephone）。還有「秀髮柔美」的敏莫絲妮（Mnemosyne），宙斯和她生下了「頭戴金冠」的九位繆思女神（Muses）。後來，他和泰坦女神麗朵（Leto）發生關係，成了日神阿波羅（Apollo）和月神阿特蜜斯（Artemis）的父親。賀希歐稱「天神的後代裡就數他們最優雅迷人。」

　　最後，宙斯娶了姐姐赫拉為正妻，生育了青春女神赫蓓（Hebe）、戰神阿瑞斯（Ares）等。宙斯後來與赫拉相處得並不愉快，她是婚姻和母性的保護神，端莊、嚴肅而好妒，對宙斯的胡作非為很不滿意。宙斯曾經想搞家暴，但赫拉是一位和他神力相當的神祇，所以他發現還是移情別戀更容易一些，於是，他開始和人類美女偷情，生下了一系列半神的英雄，他們的故事構成了希臘神話非常重要的部分。當然，宙斯也像一般希臘男女那般相容並蓄，他從特洛伊搶走了漂亮的男孩甘米德（Ganymedes）。這位美少年被宙斯帶上奧林帕斯山，專為眾神司酒，善妒的赫拉一怒之下將甘米德變成了一只水瓶，這就是水瓶座背後的故事。

《黛美特與兩名林中仙女》魯本斯1624年

●位於畫面左側的女性，一隻手拿著兩個玉米，一隻手抱著插滿鮮花與水果的花瓶，暗示了她穀物女神的身份。

古希臘美女閃避老司機宙斯指南

指南 1 遠離天鵝——麗妲

希臘神話中有關天鵝座的傳說有好
幾種，最常見的一種，是宙斯與麗
妲（Rita）的風流韻事。宙斯化身
天鵝與斯巴達國王廷達瑞俄斯之妻
麗妲幽會，他們的後代包括雙子座
波魯克斯雙胞胎，以及美貌絕倫、
引發特洛伊之戰的海倫。

《麗妲與天鵝》局部
達·芬奇
1508—1515年

《達妮葉》局部
林布蘭
1636年

指南 2 躲避金雨——達妮葉

阿果斯王阿克瑞希斯從預言中得知
自己未來將被外孫殺死後，便將女
兒達妮葉囚禁在宮中，以防止她和
外人接觸。不料宙斯化身一陣黃金
雨與達妮葉結合，生下了著名英雄
柏修斯。

《劫奪歐羅芭》局部
魯本斯
1630年

指南 3 避開漂亮小公牛——歐羅芭

宙斯化身為一頭漂亮的小公牛，把腓尼基國王
阿革諾耳之女歐羅芭劫持到克里特島為所欲
為，甚至派出阿芙羅黛蒂與小愛神在一旁當說
客，說服歐羅芭接受自己的命運。他們生下的
孩子是米諾斯、瑞達曼托斯和薩耳珀冬，其中
瑞達曼托斯後來和阿柯美娜結婚。神話稱歐羅
芭是歐洲最初的人類，也就是說，歐洲人全都
是她的後代。

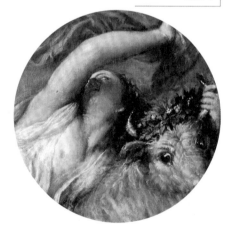

指南 4 逃離迷霧——愛奧

《宙斯與愛奧》局部
科雷吉歐
1531—1532年

宙斯騷擾過的達妮葉與歐羅芭都有個共同的祖先,那便是宙斯本人……沒錯!她們都是宙斯和愛奧的後代。愛奧是彼拉斯齊國王伊納可斯之女,彼拉斯齊人是古希臘最初的居民。由於美貌絕倫,愛奧不幸被宙斯盯上。雖然宙斯巧言令色,無奈愛奧就是不動心,於是宙斯化作一陣霧氣裏住逃跑的愛奧做起「翻雲覆雨」的勾當。

《牧神》局部
魯本斯
1626年

指南 5 遠離牧神潘恩——安緹歐珮

有時候,一個老司機會化作另一個老司機去尋芳逐豔。在羅馬神話中,朱比特(即希臘神話中的宙斯)愛上人間美女安緹歐珮,便化身成半人半羊的牧神潘恩和她幽會。牧神潘恩本來便以好色而聞名,朱比特冒名頂替真是再安全不過了,只是安緹歐珮就比較慘了。

《黛安娜與卡莉斯朵》局部
魯本斯
1635年

指南 6 遠離月亮女神——卡莉斯朵

宙斯化身成自己的女兒月亮與狩獵女神阿特蜜斯,勾搭了女兒身邊的美貌仙女卡莉斯朵,致她懷孕。貞潔的阿特蜜斯發現卡莉斯朵懷孕後將其從狩獵女團中開除。卡莉斯朵生下了兒子阿卡斯,嫉妒的赫拉將她變成了一隻熊。

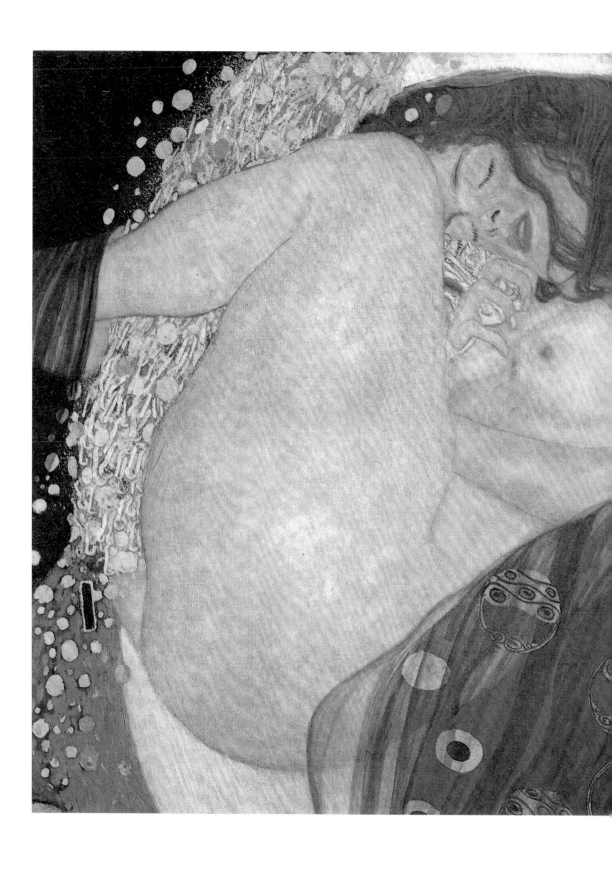

《達妮葉》古斯塔夫‧克林姆1907—1908年
●克林姆的作品構圖大膽，極具象徵意味。在這幅作品中，女主角達妮葉蜷縮在畫面中間，而宙斯化成的「黃金雨」則由圓點、線條等抽象的幾何圖形構成，畫面用色大膽，形式富有節奏感。

④ 主司雷電的男神

　　我們常常把關注點放在宙斯的風流韻事上，以致忽略了他做為雷神和天空之神的本職。希臘人和義大利人將宙斯視為能賜予他們豐沛雨水的神。宙斯的聖所常建立在雲氣彌漫的高山深處，每逢乾旱時，人們便會向他祈禱：「降雨吧，降雨吧，親愛的宙斯，給我們的麥田和平原上普降甘霖吧！」雅典還有一座把宙斯當成閃電之神來祭祀的神廟，一年之中有幾個特定日子，祭司們會前往神廟觀察上空的閃電。希臘人習慣於把雷電轟擊過的地方用籬藩圍起來，奉獻給「天降的宙斯」——乘著閃電自天而

《宙斯》（摘自《貝洛童話》插圖本）哈利·克拉克1922年

降的神。

　　確實，古代社會中無論是農耕民族還是遊牧部落，都依賴恰到好處的風雨來實現穀物豐收、牲畜興旺，從而維持日常生活，而暴風驟雨讓人膽戰心驚，電閃雷鳴更是讓世界瑟瑟發抖，所以掌管暴風雨的神被許多民族奉為眾神之首也就不足為奇了。

　　這類神祇大致可分為兩類，第一類神祇的主要職責是掌管暴風雨，兼掌握著雷電，因而也被奉為豐產之神；第二類神祇以雷電為武器，具有強大的戰鬥力，通常也擔任神王的角色。印歐語系的各民族，大多以第二類神祇為主。

A.北歐神話——神王奧丁與雷神索爾

　　北歐神話中的主神奧丁（Odin）相當於希臘神話中的宙斯。他創造了北歐的人類，掌管著死亡、戰鬥、詩歌、魔法及智慧等。威嚴的奧丁，手持從來不會偏離目標的岡格尼爾（Gungnir）長矛，佩戴著德羅普尼爾（Droupnir）飾環，胯下是八足神馬史雷普尼爾（Sleipnir），雙肩上棲息著兩隻烏鴉修金（Hugin，意為思想）與穆寧（Munin，意為記憶），左右跟著兩條狼基利（Geri，意為貪欲）和弗雷齊（Freki，意為暴食），在北方大地巡視。奧丁為了喝到世界之樹下的智慧泉水不惜自殘，他用一隻眼睛換取了究極智慧。雖然奧丁只剩下了一隻眼睛，但這只眼睛可以發出如太陽般的光輝。

　　北歐神話稱，奧丁用長矛將自己釘在世界之樹上，苦苦煎熬了九天，最終學到了

九首詩歌和十八種法術。他住在阿斯嘎德的英靈殿中——他的寶座就在那兒,在那兒他可以看到九個世界的芸芸眾生;他也常去瓦爾哈拉神殿,英勇戰死的烈士們將在那兒接受奧丁的褒獎,等待著最終的聖戰。由於沒有如希臘極樂淨土似的氣候,北歐世界充滿了艱辛和忍耐,有首詩是這樣描寫奧丁所經歷的苦難的:

我曾將自己釘在那狂風呼嘯的世界之樹,
九日九夜,長矛刺穿我的身體,
那是獻給奧丁的祭品——
在那棵樹上,
將奧丁獻祭給奧丁,
沒有人知道樹根延伸向何方,

沒有人給我麵包,
沒有人給我蜜酒,
然後我從樹上跌落,
我得到了如尼文字,
撿起我渴望的收穫,
從此將它帶到人間。

《雷神索爾》
馬克思·柯赫（Max Koch）
1905年

《索爾和巨人的戰鬥》
馬特恩·埃斯基爾·溫格（Mårten Eskil
Winge）1872年

　　索爾（Thor）是奧丁的長子，年少英俊，紅髮紅鬚，體格健壯，臂力過人，是對抗大自然的恐怖力量（即冰霜巨人）的代表。索爾有三件奇異的寶物。第一件是能開山碎石，具有可怕力量的雷霆之錘(Mjolnir)。這件寶物功能神奇，丟出去後會自動回到手中。當索爾出現在空中時，冰霜巨人和山巨人一眼就認出了這把神錘。因為在與巨人交手的無數場戰役中，這把神錘曾像打碎蛋殼一樣擊碎了許多冰霜巨人和山巨人的頭顱。無論對於神族還是巨人族而言，沒有比索爾的雷霆之錘更可怕的東西了。

　　第二件寶物是能使索爾神力加強一倍的力量腰帶。第三件是他在揮動神錘時所戴的鐵手套。當索爾揮動神錘時，鐵手套會在空中發出可怕的亮光，映入地上人們的眼中。他的戰車有沉重的鐵輪，由兩匹毛比雪還白的羊牽引著。當索爾奔馳在雲海中，車輪會發出巨大的響聲，彷彿在風中怒吼，這就是隆隆的雷聲。

B.西臺神話——暴風雨之神特舒卜

西臺神話中的眾神之首叫作特舒卜（Teshub），是司暴風雨的戰神。他剛愎任性又反覆無常，需要人類不惜一切去討好，他乘坐公牛拉的戰車，隨時準備粉碎人類的任何祈求。

確實，在美索不達米亞肥沃的平原上，太陽與河流似乎是人類忠實的朋友，但在安納托利亞崎嶇的山區，乾旱時的烈日很容易使田野顆粒無收；而一次暴風雨可以在一夜之間毀掉一年的收成。在這種變化無常的氣候條件下，西臺人永遠不可能完全擺脫災難的威脅，這種現實折射在神話中，表現為特舒卜與乾旱之蛇伊柳楊卡（Illuyanka）無休止的鬥爭。

伊柳楊卡擁有無比巨大的身軀和無堅不摧的破壞力，特舒卜在他面前經常毫無反抗之力。有一回，特舒卜和巨蛇搏鬥時趨於下風，不得不向其他神求助。特舒卜的女兒伊娜拉（Inara）得知後為他出謀劃策，她和凡人男友修巴西亞（Hupasiya）一起為伊柳楊卡舉辦了一場盛宴，並奉上了無數美酒佳餚。伊柳楊卡不停地吃啊喝啊，結果喝了太多酒頭昏腦脹，又因為吃得肚子太脹，沒辦法鑽回蛇洞，被修巴西亞逼到角落裡捆了起來，特舒卜趁機用雷電殺死了巨蛇。

C.凱爾特神話——天空之神塔拉尼斯

塔拉尼斯（Taranis）是古代高盧、加利西亞（位於西班牙伊比利亞半島）、不列顛地區的凱爾特人所崇拜的主要神祇，他是雷神與戰神的結合體。羅馬人入侵不列顛後，將塔拉尼斯與朱比特相提並論，因為他們都掌管著雷電。凱爾特神話中還有一位天空之神掌管太陽，他的象徵物是圓盤或輪子，代表太陽的光芒與運轉。有時人們會將他當作塔拉尼斯。凱爾特人認為雷擊和閃電是眾神進行超自然活動的證據，因此他們也將遭到雷擊的地點視為神聖之地。

D.斯拉夫神話——風雷之神佩隆

古斯拉夫民族居住在俄羅斯及附近地區，崇拜著眾多掌管大地的神祇。其中佩隆（Perun）是掌管閃電和雷鳴的眾神之王，他的象徵物是一隻老鷹，端坐在世界之樹最高的枝頭上。石頭和金屬是佩隆的形象中常見的元素，這兩樣物品也是古代斯拉夫人製作武器的原料。

儘管佩隆的力量令人驚駭，但他卻是一名善神。當太陽受到暴風雨威脅，隱匿到烏雲之後時，他會用霹靂將烏雲驅散，讓太陽重新露臉，從而使大地上的萬物能繼續繁衍生息。

斯拉夫人相信，人類一直受到地府惡龍維利茨（Veles）的威脅，他帶來疾病，擄走牲口，偷走孩子，還有其他數不清的惡行。這種時候，佩隆就會冒出來用霹靂教訓維利茨，讓他趕緊滾回地府乖乖待著。在基督教傳入斯拉夫地區後，佩隆身上的一些特質被轉移到先知以利亞身上。

隨著時間的流逝，這些古老的雷神，命運最好的，也不過是投入文藝界混口飯吃，比如靠風流韻事被人類牢記的宙斯、在電影圈打工的索爾，奧丁則稍微差一些，在公路懸疑奇幻小說《美國眾神》裡和洛奇謀劃著東山再起、鹹魚翻身的大計。命運最差的神祇則不在上述之列，因為崇拜他們的民族及其語言文字早已消亡，現今的人類已經把他們忘卻。

II 冥府之旅——夜訪黑帝斯

Hades

希臘神名／黑帝斯

羅馬神名／歐爾庫斯

妻子／波瑟芬妮

父母／克羅納斯（父親）、瑞亞（母親）

主司／冥界、死亡

象徵物／黑色公牛

❶ 地下世界的主宰

　　黑帝斯是宙斯的兄弟，羅馬人稱呼他為普魯托（Plutō）[※]，意思是「複雜的賜予者」，因為他能賜給莊稼人豐富的收穫，也能摧毀莊稼埋在地下的根莖，造成歉收。人們有時會把普魯托與普魯圖斯（Plutus/ Ploutus）搞混，後者是穀物女神黛美特與半神埃艾松的兒子，是財富之神。

　　黑帝斯是克羅納斯與瑞亞六個孩子中最年長的一個。當宙斯推翻了泰坦眾神後，宙斯贏得了天上，波賽頓分得海洋，而留給黑帝斯的是大地低窪處及地下。之後，畏懼的希臘人對幽暗陰鬱的地下世界冠以黑帝斯的大名，就像人們敬畏地把冥后波瑟芬

《劫奪波瑟芬妮》
尼古拉斯·米格納德（Nicolas Mignard）
1651年

妮當作恐懼的代名詞。然而請注意，凡人到冥界是非常容易的，但想要走回頭路返回
人間，那可就困難了。只有少數天神的後代才能穿梭於冥界與現世之間，那是因為宙
斯寵愛他們。

※注：普遍的說法認為黑帝斯是希臘神話中的冥王，而普魯托是羅馬神話中的冥王。實際上，在羅馬神話中，
黑帝斯對應歐爾庫斯（Orcus），歐爾庫斯既是地下世界的主宰，同時也是個地名；而普魯托既是冥王，同時
也是財富之神。無論如何，在後世文學中，普魯托都成了西方世界中最為人熟知的冥王之名。

② 冥界入口

　　希臘神話中有好幾個凡人下到冥界又成功返回人間的傳說，諸如海克力斯搶奪三頭犬，奧菲斯追尋亡妻，翟修斯誘拐冥后等等，但這些故事並沒有說明他們是從哪裡進入冥界的。而維吉爾在《阿伊尼斯記》中提到，冥界入口是一個叫作阿厄爾諾斯（希臘語，意為無鳥鄉）的地方，那裡有一個深邃的山洞，洞外是一片幽暗的森林，還有個黑水湖，洞裡冒著毒氣。

　　在進入冥界之前，需要向冥府諸神獻祭。例如，女先知西比爾帶著阿伊尼斯用黑牛犢向地獄女神海卡蒂獻祭，用黑毛羔羊向復仇女神的母親黑夜女神尼克斯（Nyx）與她的姐妹大地女神蓋亞獻祭，又獻上一頭不孕的母牛給冥后，最後獻給冥王幾條烤熟的全牛。等待樹木蔥蘢的山林開始顫動，暗影中隱約出現海卡蒂的狗群，就說明海卡蒂女神來收取祭品了，這時請求已獲通過，可以上路前往冥界了。

　　這一段旅程並不輕鬆。冥界入口空蕩蕩又毫無生機，儘管穿行其中猶如在月光下的密林中漫步，但伴隨著你的全都是朦朧的幻影。門廳裡住滿了「悲哀」、「憂慮」、「疾病」、「恐懼」、「衰老」、「饑餓」等等可怕的形象。此外，這裡還有許多不同的怪獸，諸如一群群半人馬，半人半獸的席拉、百臂巨人布里阿留斯、九頭蛇海濁、若隱若現的格瑞昂、吐火的奇麥拉，還有幾隻梅杜莎和許多人鳥妖。不過據西比爾說，這些都不過是沒有軀體的幽靈、徒具形狀的影子在閃動罷了，所以只要膽量過人，就能撐過這片恐怖的立體影像區。

《波瑟芬妮歸來》弗雷德里克・萊頓（Frederic Leighton）1891年

●在這幅畫中，波瑟芬妮通過誇張的肢體，表現出對重返人間的渴望，而她的母親黛美特張開雙手，迫不及待地迎接女兒的歸來。畫面主體人物呈對角線構圖，人物動作表現出了豐富情感，但人物面部表情含蓄，顯然是受到了古典主義的影響。

《奧菲斯引導尤瑞迪絲
出冥界》柯洛（Corot）
1861年
●畫面描繪的是奧菲斯帶
領亡妻尤瑞迪絲返回人間
旅途中的一幕，雖然故事
發生在陰冷的冥界，並以
悲劇收場，但柯洛用柔和
的色調，為畫面增添了
唯美的氛圍。

❸ 冥府逃票指南

　　從冥界入口進入後，便來到斯提克斯河上的一個渡口，艄公卡榮將帶領魂魄從這裡出發，穿過阿柯容河（Acheron），到達安息之所。無數魂魄推搡著，試圖搭上他的小船，但他們必須付費，才能獲准通過，否則就會被拋入河中，這也是許多地方在舉行葬禮時將一枚銅幣放入死者口中的原因。苦河阿柯容水的浮力非常小，故有「弱

《穿越斯提克斯河》喬吉姆‧帕德尼耶（Joachim Patinir）1510年

水」或「羽沉河」的稱號，除了卡榮的小船，任何其他事物幾乎是不可能渡過的。而亡靈一旦落入阿柯容河，則會被河水溶蝕殆盡。

即使準備了充足的船資，如果沒有得到安葬，亡靈也無法上船。「入土為安」的理念同樣適用於古希臘人與古羅馬人。

在古希臘著名悲劇《安緹岡妮》中，底比斯王子波呂涅克斯勾結外邦，進攻本國，最終戰死。國王克里翁下令將其暴屍荒野，禁止安葬。安緹岡妮不顧禁令，在兄長屍體上撒土，象徵性地將其埋葬，使他的靈魂可以前往地府安息，不至於在人間遊蕩。

而在《阿伊尼斯記》裡，阿伊尼斯的水手帕利奴魯上船時被卡榮拒絕，也是因為他尚未入土。據說，人死之後，在屍骨得到安息的處所之前，魂魄不得通過可怕河灘與咆哮急流，只有在河岸邊徘徊一百個年頭，才能到他們所盼望的彼岸去。

卡榮身為冥界運輸部唯一的員工，任務相當艱巨，除了拒絕不合格魂魄過河外，還得分辨哪些是混在其中意圖潛入的生者，因為他的船由皮革製成，生者的體重過重，會使河水從皮革縫裡滲進船艙，嚴重影響旅途安全。

倒楣的是，夠膽來到冥界的生者通常都是傳奇英雄，他們的渡河方式是出示卡榮老闆的名片：在《阿伊尼斯記》裡，阿伊尼斯能夠兩次渡過地獄深處的憎惡之河斯提克斯，完全是靠他老媽維納斯（即希臘神話中的阿芙羅黛蒂）指點他事先獲取通行證，也就是冥界入口附近聖林中一棵雙生樹上的冥后聖物——槲寄生金枝。

《阿伊尼斯與西比爾》
威廉‧特納1814-1815年
● 《阿伊尼斯記》裡，女先知西比爾帶著阿伊
尼斯前往阿厄爾諾斯。

　　傳說冥府有五條河流。其中，阿柯容河為痛苦之河，斯提克斯河（Styx） 為憎惡之河，也叫守誓之河。後者得名於女神斯提克斯，據說她是幽暗之神厄瑞玻斯與黑暗女神尼克斯的女兒（一說是大洋之神歐西努斯之女）。斯提克斯與泰坦神帕拉斯結合，生下勝利女神尼姬、競賽之神澤路斯、力量之神克拉托斯與權力女神比婭。斯提克斯在泰坦之戰中是奧林帕斯諸神的堅定盟友，因此宙斯賦予她這樣的榮譽：凡以她的名義所發的誓就不能取消，否則便會失去神性。

　　此外，還有柯庫圖斯河（Cocytus）、火河（Phlegethon）和忘川（Lethe）。阿刻戒河轟鳴著，將泥沙傾注進柯庫圖斯河中，未能得到安息的魂魄在河岸發出的歎息聲，使這條河有了另一個名字——悲歎河。火河（Phlegethon）是黑帝斯用來隔離深淵塔爾塔茹斯的河流，它是永不熄滅的火焰之河。最後一條河——忘川（Lethe），傳說喝下這條河水的魂魄將忘記前世所有的記憶，等待新的輪迴。

《維納斯以女獵人形象出現在阿伊尼斯面前》皮埃特羅·達·科爾托納1631年
●維納斯向兒子傳授進入冥府的技巧。

《但丁的地獄 船夫卡榮》威廉‧布萊克1820年
●這是威廉‧布萊克為但丁的《神曲》創作的系列插畫中的一幅。畫面大膽、想像豐富、帶有濃厚的宗教色彩是威廉‧布萊克藝術創作的特色。

❹ 注意！惡犬出沒

　　渡河之後，來到此地的人馬上便會遭遇新的考驗——三頭惡犬柯爾柏若斯（Cerberus）※。我們不知道它是不是曾被海克力斯帶走的那隻，如果是同一隻的話，由於接二連三地被冒險者打倒，不知道它的心理陰影是否會大到影響守衛工作。不過，也有可能是另一隻狗，在《阿伊尼斯記》裡，卡榮向阿伊尼斯吐槽說，海克力斯竟然硬生生把三頭犬從冥王的王座前搶走。再說，地獄女神海卡蒂午夜時分來人間漫遊時，身邊總會帶著一群狗，所以說不定冥府的某處有一個三頭犬的養殖基地呢。

※注：在不同的神話裡，地獄犬柯爾柏若斯腦袋的數量說法不一。一些古代陶罐裡把它畫成雙頭狗；賀希歐說它有五十個頭；古希臘詩人品達說它有一百個頭；古羅馬詩人賀拉斯說它只有一個狗頭，其他一百個都是蛇頭。也許是為了調和這些矛盾的說法，阿波羅度斯在《希臘神話》裡把它描繪成有三個狗頭和「各種各樣的蛇頭」。不過後世傳說裡，柯爾柏若斯狗頭的數量似乎逐漸固定成了三個，以便和雙頭狗歐特洛斯區分。
希臘神話裡的大英雄海克力斯完成過十二件功績，其中一項就是前往冥界抓捕柯爾柏若斯回到陽間。在荷米斯和雅典娜的幫助下，他順利完成了這項不可能的任務。據說地獄犬一見到陽光，就害怕得吐出毒涎，毒涎滴到地上，於是長出了劇毒的烏頭草。

❺ 冥府區劃

　　過了柯爾柏若斯那關後，來到此地的人才算是真正深入冥界了。早期希臘神話中的冥界比較簡單，通常只是自然環境令人難以忍受。在死亡的國度裡，冥王黑帝斯把靈魂安置在長滿金穗花的荒野中——在希臘許多地方的河邊，人們常常可以看到這種金穗花田，淡淡的、灰暗的金穗花所營造出來的陰暗色彩，正適合陰間的虛無與悲傷，而金穗花令人討厭的氣味以及略帶深紫色的花團，也和陰間蒼白的死亡和黑暗相一致，因此希臘人把金穗花放進冥界的情境裡，認為它是盛開在死者居住之地的花。

　　荷馬在《奧德賽》中曾提到，特洛伊戰爭中戰死的英雄們的靈魂居住在一處金穗花田裡。奧德修斯在啟程返家之前，沿著海路向北方駛去，到達一個終年籠罩著微光的島嶼。他不斷沿著冥界的邊界遊蕩，並按照女巫瑟西的指示，獻祭一頭黑牛，吸引大批鬼魂來喝血。這群言語含糊的鬼魂喝血後，暫時恢復了正常說話的能力，紛紛向他抱怨冥界是個陰森又無趣到極點的地方。英雄阿基里斯為此感歎道，他寧可成為人間最貧苦的農民，也不願成為地下王國的統治者。

　　然而隨著時間的推移，希臘和羅馬作家逐漸把冥界描繪成一幅更加複雜的畫面，畫面中的主題是獎懲分明：等待好人的是永恆的快樂，他們生活在極樂之原，有著享受不盡的音樂與狂歡；壞人卻會在復仇女神的鞭笞下穿過火河，直至暗無天日的深淵塔爾塔茹斯。塔爾塔茹斯的居民會接受各種駭人聽聞的永世懲罰：饑渴的譚塔洛斯總是伸手去勾他永遠勾不到的食物，痛苦的伊克西翁不停地在火輪上旋轉，薛西弗斯日復一日推著一塊巨石上山，卻永遠無法到達山頂。

　　三位冥府判官米諾斯（Minos）、瑞達曼托斯（Rhadamanthus）與埃阿科斯（Aeacus）負責靈魂審判。米諾斯是宙斯與歐羅芭之子，生前是克里特島的國王，《奧德賽》描述了他給鬼魂們宣判的情景。瑞達曼托斯也是宙斯與歐羅芭之子，曾統治過基克拉迪群島。埃阿科斯是宙斯和水澤仙女埃革娜（Aegina）的兒子，以公正著稱。諸神曾推舉他們三人為裁判人，分別負責審理靈魂的思想、言論、行為，並裁定靈魂的最終歸屬地。

為了滿足冥界日益複雜的功能需要，黑帝斯用火河（Phlegethon）劃分了冥府的各個區域。具體區劃如下：

A 極樂之原（Elysian Field）　善人歡樂之地。

B 深淵塔爾塔茹斯　惡人再教育中心。

C 靈薄獄（Limbo）　留給夭折者的區域。維吉爾說它是留給出生前或出生不久即夭折的嬰孩的，不過後世傳說中它又劃分出更多的區域和更多的功能。

D 哀傷之野　留給死於情傷者的區域。這裡四處都是愛神木桃金孃樹構成的森林，蜿蜒曲折的小徑隱蔽其中，隱約可以見到一些幽靈在樹影下徘徊，他們生前都受到過愛情殘忍的折磨和傷害，死後愛情依然不放過他們。

❻ 冥府房客

除了接收亡魂之外，冥界也是許多地下神靈居住之所，除了地獄女神海卡蒂外，還有睡神、死神、瘟疫神、復仇女神等。

忘川能通往夢神許普諾斯沉睡的山洞。山洞的入口處長滿了罌粟花與其他助眠的藥草。陽光終年在山洞外徘徊，卻無法照進其中，因而洞內只有昏暗迷離的晨光與夕

（左上圖）《地獄女神海卡蒂》威廉·布萊克1795年
（右上圖）《夢神和他同父異母的兄弟》沃特豪斯1874年
（下圖）《奧瑞斯特的悔恨》威廉·阿道夫·布格羅1862年

影。忘川河在山洞底部流淌，河岸與睡神的床榻邊，滿是各種光怪陸離的夢。洞內還有三位小夢神摩爾菲斯、福柏托爾和范塔索斯，他們是許普諾斯與海洋女神帕西提亞（Pasithea）的孩子們。

許普諾斯的威力非常強大，連宙斯也逃脫不過。因此，在特洛伊戰爭期間，天后赫拉請許普諾斯催眠宙斯，趁他熟睡時暗暗幫助希臘人。許普諾斯一開始不敢答應，怕宙斯發怒，但赫拉許諾把海洋女神帕西提亞嫁給他，他便答應了赫拉的請求。事後，宙斯氣得把他從天上打入了地府。

三位復仇女神厄里倪厄斯也居住在冥界。她們是三個身材高大的婦女，頭上長著蛇髮，眼中流出血淚，雙肩生有翅膀，手執火把和蝮蛇鞭。她們在大地上追逐殺人兇手（尤其是弒殺血親者），使他們良心受到煎熬，直至發瘋發狂。在冥府，她們亦負責對罪孽深重的亡靈執行懲罰。

厄里倪厄斯是希臘人最懼怕的神祇。她們的故事在希臘神話有關阿格門儂之死的情節中有詳細的刻畫，王后克萊婷與情夫埃吉士圖斯殺死了阿格門儂後，她的兒子奧瑞斯特為了替父親報仇，親手殺死了母親。按照希臘古老的法律，奧瑞斯特必須向殺害他母親的人(即自己)復仇，因此復仇三女神糾纏著他，使其發瘋，到處遊蕩。後來，奧瑞斯特在阿波羅的指引下，到雅典尋求智慧女神雅典娜的公正裁判。經過法官公開審理，奧瑞斯特被判無罪，獲得了自由。

復仇女神不敢冒犯被宣判無罪的人，但仍對判決表示不服，並遷怒詛咒法官。阿波羅和雅典娜設法勸阻她們，說雅典人將把她們視作公正無情的復仇女神來敬奉，復仇三女神也因此融入了雅典。最終她們決定放棄復仇的權力，轉而成為繁榮的保護者。從此，復仇三姐妹被人們稱為和善女神歐墨尼得斯（Eumenides）或莊嚴三女神塞謨奈（Semnae）。如果你不小心遇到她們，千萬記得要這麼稱呼她們。

好了，以上便是夜訪黑帝斯沿途上的所有注意事項了。在踏入冥界入口之前，千萬記得在聖林摘下槲寄生金枝，並向地獄諸神獻祭。當然，給卡榮的零錢也是萬萬不可少的。

《復仇三女神追捕奧瑞斯特》約翰·辛格·薩金特1921年

怪

MONSTER

除了冥府守衛三頭犬之外，希臘神話中還有很多怪物。其中，海神弗西斯（Phorcys）與海洋女神刻托（Ceto）組成的家庭出產了許多古希臘著名的怪物，如蛇髮女妖郭珥貢（Gorgons）、半人半鳥的賽蓮女妖（Siren）、格賴埃三姐妹（The Graeae）、半人半蛇的厄喀德娜（Echidna）、六個腦袋的海怪席拉（Scylla）、看守金蘋果園的赫斯珀里得斯（Hesperides），這些怪物被統稱為「弗西德斯」（Phorcydes）。

美杜莎 MEDUSA

郭珥貢三姐妹的名字是斯忒諾（Stheno）、歐律阿勒（Euryale）和梅杜莎（Medusa）。她們曾經美貌絕倫，直到有一晚梅杜莎和波賽頓睡在一起，而貞潔的雅典娜因為他們竟在她的神廟裡做這種事而暴怒，就把梅杜莎變成了一個蛇髮暴眼、獠牙突舌的有翅膀怪物，任何人只要望她一眼就會變成石頭。當柏修斯斬下梅杜莎的頭顱時，波賽頓的孩子克律薩俄耳（Chrysaor）和有翼神馬飛馬佩革索斯（Pegasus）從她頸部噴出的鮮血中誕生。

賽蓮女妖 SIREN

最初的賽蓮女妖男女皆有，但男性賽蓮女妖的形象大約在西元前5世紀就從藝術品中消失了。在早期的希臘藝術中，賽蓮女妖被描繪成長著女人頭、羽毛和有鱗腳的鳥，有著美麗誘人的歌聲。之後，被描繪成長著鳥腿、演奏著各種樂器尤其是豎琴的女性。最終，賽蓮女妖融合美人魚，成了半人半魚的形象，並有了單尾和雙尾之分。星巴克的雙尾人魚標誌便是由賽蓮女妖的形象變化而來的。

許多希臘神話中都有賽蓮女妖的身影，在《奧德賽》中，奧德修斯對賽蓮女妖的歌聲感到好奇，因此在女巫瑟西的建議下，他用蜂蠟塞住所有水手的耳朵，而他本人則被綁在桅杆上，並命令手下不管他如何乞求呵斥都不要解開繩索。果然，當奧德修斯聽到賽蓮女妖們美妙的歌聲時，狂呼怒 命令水手們把他解開，但水手們把他綁得更緊了，直到奧德修斯聽不到歌聲時才把他放開。一些後荷馬時代的作家說，如果有人聽到賽蓮女妖的歌聲並逃離他們，賽蓮女妖就註定會死，因此在奧德修斯經過後，賽蓮女妖們就跳進水裡淹死了。

在西元前3世紀的《阿果號英雄記》中，傑森曾被人馬紀戎警告過，他們的征途必須帶上奧菲斯（Orpheus）。當奧菲斯聽到賽蓮女妖的歌聲時，他拿起豎琴彈奏出比她們更優美的音樂，使英雄乘坐的「阿果號」順利地通過了這一關。但其中一名船員，長著尖尖耳朵的英雄布特（Butes）聽到歌聲後跳進海裡，幸而被女神阿芙羅黛蒂抓住並安全地帶走了。

格賴埃三姐妹
THE GRAEAE

格賴埃三姐妹有著漂亮的臉蛋和天鵝般的身體，他們的頭髮生來就是灰色的，因而也被稱為「灰色三姐妹」。她們共用一隻眼睛和一顆牙，分別叫作狄諾（Dino）、恩佑（Enyo）和彭菲瑞多（Pemphredo）。柏修斯在獵殺梅杜莎的冒險道路上得到她們的指引。

厄喀德娜 ECHIDNA

厄喀德娜一半是美人，一半是斑紋巨蛇，她住在幽深的洞穴中，喜歡生吞人類的血肉。她與丈夫泰風生下一群可怖的怪物，如看守格瑞昂牛群（Geryon）的雙頭狗歐特洛斯（Orthrus），看守冥界的三頭犬柯爾柏若斯（Cerberus），九頭蛇海濁（hydra），獅頭羊身蛇尾的奇麥拉（Chimera），人面獅神的史芬克斯（Sphinx）和百頭龍拉冬（Ladon）。後來英雄阿古斯趁她睡覺時幹掉了她。

歐 特 洛 斯 ORTHRUS

雙頭狗歐特洛斯可能是希臘人對天狼星的誤讀。這顆星位於大犬座，在冬季夜間很容易見到，每當它在夜空閃耀時，代表新的曆法年即將開始。歐特洛斯的兩個腦袋朝向不同的方向，代表過去與未來。羅馬神話中的雙頭神簡努斯（Janus）也是類似的形象，一月（January）一詞便由簡努斯而來。

奇麥拉 CHIMERA

奇麥拉是一種會噴火的怪獸，它的名字在希臘語中是「母山羊」的意思。據說它由三部分組成：前半段是獅子，身體中段冒出一隻山羊頭，尾巴則是條蛇。它常常在利西亞鄉野肆虐，後來英雄柏勒洛豐應利西亞國王的要求挑戰奇麥拉。他在雅典娜的幫助下找到飛馬飛馬佩革索斯，在空中用一支鉛頭長矛刺入奇麥拉燃燒的喉嚨，用熔融的金屬燒死了它。後世古典作家認為奇麥拉是指土耳其南部持續燃燒的天然氣噴口，也有學者認為它可能融合了三個季節的象徵物，這些象徵物分別是獅子、山羊和蛇。

海濁 HYDRA

九頭蛇海濁是被大英雄海克力斯斬殺的。它的牙齒、血液和呼出的氣息都有劇毒，並且它的腦袋有再生功能，每砍掉一個頭就會再生出兩個頭。所以海克力斯用布遮住口鼻保護自己不受毒氣傷害，接著砍下了海濁的腦袋並用火灼燒蛇頸，這樣蛇頭就不會再長出來了。海克力斯用雅典娜送的利劍砍下海濁最強壯的一個頭顱後，把它壓在一塊巨石下。

這個神話還有另外一個版本：每砍下一個蛇頭後，海克力斯把劍插入蛇頸，用海濁自己的毒液灼燒它的脖子，於是它失去了再生能力。赫拉因海克力斯殺死了她飼養的野獸感到鬱悶，因為她本來想利用海濁來幹掉宙斯的私生子海克力斯的，事已至此，她只好把海濁升入夜空，變成了長蛇座。

史芬克斯 SPHINX

有人說史芬克斯是雙頭狗歐特洛斯和它的老媽厄喀德娜生的。在希臘神話中，史芬克斯的形象是人頭獅身鳥翅，它神祕奸詐又冷酷，那些不能回答它的謎語的人都會被它殺死吃掉。最後，伊底帕斯成功解答了史芬克斯的謎語，於是它跳崖自殺。

席拉 SCYLLA

席拉是一個吞噬人類的海怪，她首次現身是在《奧德賽》裡。她在義大利墨西拿（Messina）海峽恰利底斯大漩渦（Charybdis）對面的錫拉巨岩吞食過往的船員。最終奧德修斯在犧牲了六名船員的情況下通過了這個地方。古羅馬詩人奧維德在《變形記》的第一個故事裡把席拉描繪成一名海中仙女，海中的預言者葛勞科斯愛慕她，但是她很討厭這位預言者。葛勞科斯感到愁苦，於是去向金眸女巫瑟西傾訴，不料這些情感故事引得瑟西開始戀慕這位預言者，但他拒絕了瑟西。於是出於對席拉的嫉妒，瑟西用魔藥毒化了席拉的池水，將她變成了一個怪物。

赫斯珀里得斯 HESPERIDES

赫斯珀里得斯住在極西的大地盡頭，她們也可能是泰坦巨神阿特拉斯的女兒，或是宙斯和緹蒂絲的女兒。赫斯珀里得斯也被稱作「夜的女兒」、「西方的少女」或「日落女神」，顯然與人們想像中的極西之地有關。她們的歌聲十分動聽。傳說宙斯跟赫拉結婚時，所有的神祇都給他們送上禮物，大地女神蓋亞也不例外。她從西海岸帶來一棵枝葉茂盛的大樹，樹上結滿了金蘋果。赫斯珀里得斯被指派看守栽種這棵樹的聖園，協助看守的還有可怖的百頭巨龍拉冬。

Ⅲ 征服大海的王者——波賽頓

Poseidon

希臘神名／波賽頓

羅馬神名／妻　涅普頓

子／安菲翠緹

父母／克羅納斯（父親）、瑞亞（母親）

子女／翟修斯、波利菲穆斯等

主司／海洋、風暴、馬匹

象徵物／三叉戟、馬、海豚

❶ 海王波賽頓

　　眾所周知，波賽頓在希臘神話中是掌握大海的神祇。在宙斯、波賽頓和黑帝斯廢
黜他們的老爹克羅納斯後，兄弟三人通過抽籤的方式分配天空、大海與幽暗地府的統
治權，大地則為三人所共有。波賽頓雖然不如他的兄弟宙斯那般強大，在急躁易怒方
面倒是與之不相上下。在分到大海的統治權後，他便忙不迭地修建起深海宮殿，還在
廣袤無比的馬廄裡馴養了銅蹄金鬃的海馬。每當風暴在海面上掀起驚濤駭浪，他便會
駕駛著馬車在浪濤間疾馳，車邊總少不了一大群海怪 喊助威。在古羅馬，與波賽頓對
應的神是涅普頓，每年6月23日，涅普頓神廟都要過海神節。

宙斯──神鷹　　　　　　波賽頓──海馬　　　　　　黑帝斯──三頭犬

●宙斯、波賽頓、黑帝斯三兄弟與他們的象徵物。

❷ 選擇王后

　　為了給他的深海王宮找到一位合心意的王后，波賽頓花了不少力氣。他先是追求海洋女神緹蒂絲，但當他聽說正義女神曾預言緹蒂絲註定生下比父親強大的兒子後便打消了念頭，轉而把她嫁給了凡人國王佩琉斯。他的下一個目標是安菲翠緹。賀希歐在《神譜》中稱，安菲翠緹是海神尼勒沃斯和朵莉絲（Doris）所生的七位海仙女之一；雅典神話作家與歷史學家阿波羅度斯的《希臘神話》稱她是大洋之神歐西努斯和朵莉絲所生的一名水仙女；地理學之父艾拉托色尼（Eratosthenes）則認為，安菲翠緹是巨神阿特拉斯的一個女兒。不管是哪種出身，總之後來某一天她和姐妹們在納克索斯島玩耍時，不幸被波賽頓看中並強搶為妻。一則神話稱，安菲翠緹並不情願嫁給波賽頓，便潛入水中逃走，波賽頓派出一隻海豚窮追不放，安菲翠緹體力和泳技不是海豚的對手，只得投降，被海豚背了回來。還有一則神話稱，驚恐的安菲翠緹向父親求救，請他把她藏匿起來，卻被一隻海豚發現，向波賽頓告密。為了表彰海豚獻美之功，波賽頓使它上升至天空，成為海豚座。

　　安菲翠緹因為嫁給了波賽頓，所以也被人喚作「波賽頓尼亞」（Posidonia）。
在古代，她的崇拜中心主要在特納斯島（Tenos）、錫羅斯島（Syros）以及列士波
斯島（Lesbos）等地。

　　波賽頓與安菲翠緹生了兩女一子：海之信使崔桐（Triton）；女兒羅得
（Rhode），羅德斯島之名便是因她而來，她後來嫁給了太陽神赫利歐斯；還有本塞
西庫墨（Benthesikyme，意為深水）。由於波賽頓在風流韻事上與宙斯不相上下，
所以安菲翠緹吃的醋也不比赫拉少。一則神話稱，波賽頓追求海怪之父弗西斯的女兒
席拉，安菲翠緹嫉妒不已，於是朝席拉洗澡的泉水裡倒入了一種魔藥，把她變成了一
隻有六個腦袋、十二條腿的可怕怪物。不過這個神話也有別的版本，在古羅馬詩人奧
維德的《變形記》裡，下毒手的是太陽神赫利歐斯的女兒金眸女巫瑟西。

《瑟西的美酒》局部，愛德華·伯恩·瓊斯，年代不詳
●在希臘神話中，瑟西是一位善於用藥的女巫。作為拉斐爾前派的代表，愛德華·伯恩·瓊斯的作品
充滿了中世紀的神祕感和超越世俗的浪漫氣氛。

《波賽頓和安菲翠緹》楊・格薩爾特（Jan Gossaert）1516年

（上圖）《波賽頓
與安菲翠緹》魯珀
特・巴尼（Rupert
Bunny）1923年
（下圖）《涅普頓與
阿密摩涅》卡勒・
凡・路（Carle Van
Loo），年代不詳

❸ 爭奪領地

A.雅典衛城爭奪戰

　　古代希臘人大多生活在或大或小的島嶼上，或是定居在濱海地區，因此他們的生活深受海洋影響。海神波賽頓是奧林帕斯諸神中最具權威的神祇之一，他能引發強烈風暴，同時也掌控著地震等自然力，因此廣受人們崇拜。儘管這樣，波賽頓還是渴望獲得更多的權力，他對大地上的國度垂涎三尺，甚至曾經與雅典娜爭奪一線城市雅典守護神的位子。

　　波賽頓和雅典娜都希望成為雅典的首席保護神，但礙於宙斯的面子，他們不好直接開戰，便設計了一場名為「評選你心目中最佳禮物」的競賽：他們爭相送禮雅典給居民，以贏得選票。波賽頓用三叉戟朝雅典衛城的丘陵頂端重重一擊，一股鹹水泉噴湧而出。雅典娜則給雅典衛城帶來了一棵橄欖樹。

橄欖樹

雅典娜
Athena

鹹水泉

波賽頓
Poseidon

　　看到雅典娜的禮物後，波賽頓大為光火，抄起三叉戟向雅典娜發出單打獨鬥的挑戰。要不是宙斯嚴厲制止，手持長矛與神盾的雅典娜可能真的會下場應戰。宙斯隨即召集奧林帕斯眾神組成仲裁委員會，還傳喚了雅典國王柯可若普斯（Cecrops）出庭作證。宙斯本人表示中立，有趣的是，其他所有的男神都投票給了波賽頓，而女神們則都支持雅典娜。決定權落在了國王柯可若普斯身上，他表示，鹹水泉雖然看起來很神奇，不過對人類沒太大價值；相反，橄欖樹全身都是寶，果實可以吃，榨出的油能烹飪和點燈，木材還能用來建房子。於是宙斯宣佈雅典娜獲勝，成為雅典衛城的保護神，這個城市也因此以雅典娜的名字命名。

　　聽到判決，波賽頓暴跳如雷，掀起了一場席捲埃琉西斯平原（位於雅典城西部）的滔天洪水。經過很長一段時間後，洪水退卻，雅典人才得以重建城邦。他們為雅典娜建造了一座神廟，因為她會給他們帶來繁榮和財富。不過據說為了平息波賽頓的怒氣，雅典城的婦女們從此被剝奪了投票權，男人們則被禁止以母親的名字命名。

《涅普頓與雅典娜的爭執》羅素・菲倫蒂諾（Rosso Fiorentino）1540—1545年

《雅典娜與波賽頓爭奪雅典衛城統治權》本維努托・蒂西・達・加羅法洛（Benvenuto Tisi da Garofalo）1512年

《涅普頓的馬群》瓦特·克蘭（Walter Crane）1892年
●畫面呈橫向構圖，翻湧的海浪化作奔騰的馬匹，顯示出海神波賽頓強大的力量。瓦特·克蘭創作過
許多插畫，風格深受日本浮世繪影響。

B.在其他地區的爭奪

　　波賽頓還試圖和雅典娜爭奪特羅曾（Troezen），這次宙斯命令雙方分而治之，
但他倆誰都不同意分享權力。之後他還和宙斯爭奪過埃革娜島，和酒神戴奧尼索斯爭
奪過納克索島，與太陽神赫利歐斯爭奪過科林斯島，但都失敗了。尤其是科林斯爭奪
事件中，波賽頓只得到了峽谷，赫利歐斯卻獲得了衛城。怒火中燒的波賽頓試圖從赫
拉那裡搶走阿果斯的支配權，而且拒絕出席眾神仲裁委員會，因為他覺得眾神都在嘲
弄他，於是宙斯把判決權交給了三位本地河神。河神們做出了有利於赫拉的裁決，由

於波賽頓之前已被宙斯禁止用洪水報復，他這次便採取了截然相反的報復手段——抽乾三位河神主管的河流中的水，引發了一場空前絕後的旱災。但後來他愛上了阿果斯國王達納俄斯（Danaus）五十個女兒（Danaids，即達納俄姐妹）中最年幼的阿密摩妮（Amymone）。為了討好她，波賽頓用三叉戟在地上一擊，生成了一道阿密摩妮泉，也就是後來的「勒爾納泉」（the spring of Lerna）。

《海神廟》路易斯‧斯潘根貝格（Louis Spangenberg）1881年

❹ 波賽頓的寵物

　　波賽頓時常吹噓是他創造了馬。在一些神話故事中，世界上第一匹馬是從波賽頓灑在岩石上的精液中長出來的。不過也有人說，他出生的時候，母親瑞亞用一匹小馬駒代替他，交給克羅納斯吞下。他還吹噓是他發明了馬韁繩，儘管女神雅典娜創造此物在他之先。此外，馬匹成了象徵波賽頓的神聖動物，或許還因為他曾經瘋狂追求他的姐妹──穀物女神黛美特。那時候黛美特正眼淚汪汪地四處尋找她失蹤的女兒波瑟芬妮，但始終無果，於是沮喪又疲憊的女神變成了一匹母馬，藏身在阿堤卡國王俄古革斯（Ogygus）的馬群中。看準時機的波賽頓變成了一匹公馬，悄悄混入其中，強行與黛美特變成的母馬發生關係，生下了女兒德斯波伊娜（Despoina，阿堤卡地區的祕教厄琉息斯祕儀中的女神之一。她的真名是個祕密，只有在舉行祕儀時才會透露給與會者）和神馬伊利昂（Areion，一說是蓋亞所生）。對於波賽頓的趁虛而入，穀物女神黛美特異常憤怒，因此人們認為復仇女神厄里倪厄斯中也包括黛美特。

　　除了馬之外，公牛也是波賽頓十分喜愛的動物。據說，克里特島國王米諾斯曾向波賽頓許諾，要獻祭給他世上最美麗的公牛。波賽頓心花怒放，便命令一頭漂亮的公牛在克里特島登陸，怎料到米諾斯國王一看這頭牛如此漂亮，竟捨不得拿去祭祀。波賽頓大怒，便懲罰米諾斯的王后巴喜菲愛上那頭牛，生下一個牛首人身的怪物米諾陶諾斯，意為「米諾斯的牛」。米諾斯只好又讓工匠戴達洛斯建造了一座迷宮，把米諾陶諾斯置於其中。

《米娜娃和涅普頓為命名雅典城的爭端》勒內・安東萬・胡安斯1696年

古希臘美女閃避海上老司機指南

索歐莎 Thoosa

波賽頓的情人有很大一部分是海洋仙女們，索歐莎便是其中之一。「索歐莎」的意思為敏捷，然而她依然沒逃出波賽頓的魔爪。兩人的後代是獨眼巨人波利菲穆斯，後者在奧德修斯回家的漫漫長旅中出現過。當時奧德修斯和他的船員誤入獨眼巨人的島，還吃掉了獨眼巨人放養的一些羊。獨眼巨人把船員關了起來並吃掉了一部分，奧德修斯趁巨人喝醉後戳瞎了他的眼睛，又趁巨人看不見，躲在羊肚子中溜走了。

蓋亞 Gaea

波賽頓與自己的祖母蓋亞也發生過關係，他們所生的孩子是巨人安塔埃斯（Antaeus）。安塔埃斯會與任何經過他統治地區的外來者摔跤，並用他們的頭骨獻祭給他的父親波賽頓。
受益於大地女神蓋亞的血脈，安塔埃斯只要接觸地面便會滿血復活，因此，他從不吞敗。直到安塔埃斯碰見海克力斯。在海克力斯進行第十一件英雄事蹟——偷取金蘋果的路上，與安塔埃斯發生了搏鬥，在搏鬥中，海克力斯發現了安塔埃斯的祕密，於是，他掐住安塔埃斯的脖子，把他舉到空中，切斷了他與大地的聯繫，最終殺死了他。

梅杜莎 Medusa

在波賽頓所有的情人中，梅杜莎可能是命運最悲慘的一個。梅杜莎是眾怪之父弗西斯與半蛇半魚的海怪刻托所生的郭珥貢三姐妹中最小的一個。波賽頓在雅典娜神殿裡凌辱了她，可能是他把她追到這裡，或者是趁她在雅典娜神廟參觀時突襲。但雅典娜卻懲罰了整個事件的受害者，把她和她姐妹一起流放到世界盡頭的島嶼，還把她們變成蛇髮女妖。任何生物只要看她們一眼，就通通變成石頭。

宙斯曾與七星姊妹中的大姐邁亞結合生下荷米斯，七姐妹中的阿爾柯妮（Alcyone）也吸引了波賽頓的目光，他們結合並生了幾個孩子，在不同的版本中有不同的名字，如許裡厄俄斯（Hyrieus）、阿俄圖薩（Aethusa）、佩剌斯（Hyperes）或安塔斯（Anthas）。後來，阿爾柯妮與一位名叫安西頓（Anthedon）的凡人結合，生下了漁夫葛勞科斯（Glaucus），葛勞科斯後來變成了海神。

阿爾柯妮Alcyone

波賽頓也曾像宙斯一樣化身成別人與美女幽會。《奧德賽》中提到，波賽頓愛上了美麗的水仙女提若，就化身成提若所愛戀的河神厄尼普斯（Enipeus）與她幽會，兩人生下了佩里阿斯（Pelias）和聶柳斯（Neleus）。佩里阿斯後來成了約爾科斯國王，曾參加傑森發起的阿果斯號金羊毛尋找團。聶柳斯定居在美西尼亞（Messenia），並在那裡創建了皮洛斯（Pylos）城。

提若Tyro

波賽頓和無數美女曾發生過關係，但偶爾也有被拿來當擋箭牌的時候，比如特洛伊公主艾達拉。一則神話稱，希臘英雄翟修斯是波賽頓與艾達拉之子，但同時，他又是雅典國王愛琴斯的私生子。艾達拉不會有公開的婚姻，卻會有知名的丈夫和著名的孩子，於是艾達拉的父親就在愛琴斯路過特洛伊時把女兒祕密嫁給了他。愛琴斯因為種種原因，一時間也無法公開自己的婚姻，於是他給艾達拉留下信物，讓她給他們的孩子做認親的憑證。為了王室顏面，特洛伊對外宣稱翟修斯是波賽頓的兒子。

艾達拉Aethra

《從大海中接近帕斯圖姆的藝術家們》讓・雅克・弗朗索瓦・托雷爾（Jean Jacques François Taurel）1793年

❺　世界上的其他海王

A.愛爾蘭凱爾特神話中的海神瑪納南

　　在愛爾蘭神話中，大地最初的統治者是大地女神黛娜（Dana）的後裔——神聖部落圖哈·德·達南（Tuatha Dé Danann）一族。後來達努族被來自西班牙的米勒斯人（Milesians）打敗了。最終雙方達成協定，米勒斯人統治愛爾蘭的俗世人間，達努一族則開闢「他方世界」，即凡人世界之下的冥界與大海盡頭的神靈國度，做為他們的新疆域。

　　與其他神話體系不同，「舊神」達努族在敗給人類以後並沒有滅絕或遠離，而是在看不見的地方與人類共處。人類統治全部看得見的世界，而達努族人則披著隱形的仙紗，隱藏在了人類看不到的地方。他們居住的「他方世界」就在離人類只有一步之遙的地方。

　　「他方世界」的入口往往是那些洞穴、湖泊，尤其是仙堡或仙塚，即遍布愛爾蘭的史前墓地。最著名的是米斯郡紐格蘭奇一座氣勢宏偉的墓穴，它被稱為安格斯仙塚。它建成的時間大約在西元前3200年——早於金字塔的建成時間，是博因河畔史前墓群的一部分。這是一座壯觀宏偉的錐形體，由鵝卵石堆建而成，一條狹窄的道路通向中央墓室。它出現在很多神話裡，傳說中是凱爾特愛與夢之神安格斯（Aengus）的居所。

　　通往「他方世界」的道路不只存在陸上，也存在於遙遠的海洋盡頭。曾經到過那裡的人認為，人們可以透過一條太陽在海洋上創造的黃金航路到達那個被稱作「歡樂之原」（Mag Mell）的地方，那裡由許多奇異的島嶼構成，受人類始祖和死者之神的庇護，其中包括海神李爾（Ler）之子瑪納南（Manannan）。「Ler」在古愛爾蘭語裡指的是海，因而李爾是大海的人格化。在早期愛爾蘭神話和威爾斯神話中，他常以先祖神的身份出現，一度十分受歡迎，但後來他的兒子瑪納南似乎取代了他在神系中的地位。瑪納南被視作愛爾蘭的守護神之一，他將自己的名字賜予了馬恩島（Isle of Man，一說瑪納南的名字來自馬恩島）。達努族在與米勒斯人的戰鬥中失敗後，也是

瑪納南帶領他們退到了「他方世界」。

據說瑪納南控制著愛爾蘭周圍的海域，並築起一道隱形屏障阻止凡人進入「他方世界」，因為誤入其間又選擇離開的人通常會遭遇數不清的麻煩。有好幾個著名的凱爾特神話描述了凡人在海上遠航，誤入「他方世界」的神祕島嶼的故事。創作於西元8世紀的《勇士布蘭的遠航》（The Voyage of Bran）便來自於這個神話。這個故事為後世許多同類故事奠定了基礎。

某日，勇士布蘭在散步時聽到一陣優美的音樂，美妙得讓他沉沉入睡。他醒來後，眼前出現了一根美麗的銀白色樹枝。當他把銀枝帶回宮殿，一個自稱來自「他方世界」的女人突然出現在他眼前，並為他唱了一首歌，歌中提到這根完美的銀枝只可能來自蘋果樹島（Emain Ablach），也就是後世亞瑟王傳奇中蘋果島阿瓦隆的原型。蘋果樹島終年陽光燦爛，物產豐富，歡笑遍地，永無疾病與憂慮。接著，她告訴布蘭他該去海上的女人國，於是第二天布蘭就召集了9名勇士出航。

航行兩天後，布蘭看見海面上有一個人駕著戰車向他疾馳而來。這個人就是瑪納南，他告訴布蘭，他不是在海上航行，而是馳騁在一片繁花似錦的平原上；平原上還有許多駕駛戰車的人，只是他們看不見；瑪納南還說，布蘭將在愛爾蘭留下一個兒子，他註定成為一名偉大的戰士，而瑪納南將會成為他的老師和養父。

離開瑪納南後，布蘭一行人來到喜樂島（Isle of Joy）。喜樂島上的眾人，都瞪著眼嘲笑他，毫不理會他的呼喚，於是布蘭派人上岸去看情況，但這個人馬上開始像其他人一樣咧嘴大笑，於是布蘭離開他，駛向遠方。

之後他到達了女人國。正在猶豫是否上岸之際，女王向他扔了一個神奇的紗線球，紗線球馬上牢牢黏在布蘭手上，於是女王把布蘭和一行人都帶上岸。在島上，每個男人都找了個女人，而布蘭則和女王結成了一對。

隨後的時間裡，男人們在女人國樂不思蜀，直到尼希坦‧麥柯布蘭（Nechtan Mac Collbran）感到思鄉之情在他心中湧動。女王不願意讓他們走，但她沒有勉強他們，只是警告他們把留在喜樂島上的人接走，並且不要踏上愛爾蘭的海岸。

　　布蘭一行人乘船回到了他們出發的地方，但他們很快發現，聚集在碼頭等船入港的人們根本不認識他們，只在傳說中聽到過他們的名字。心緒大亂的麥柯布蘭跳下船企圖問個究竟，就在他的腳接觸到土地的瞬間，他化成了一堆灰燼。布蘭和他的同伴們把他們的故事講給愛爾蘭人之後再次乘船出海，從此再也沒人看到過他們。

B.敘利亞烏加列古城迦南神話中的海神漾

　　烏加列古城位於敘利亞西海岸城市拉塔基亞北部，在《聖經》裡被稱為迦南。是希伯來人的應許之地，涵蓋現在的敘利亞、約旦、黎巴嫩和以色列的大部分地區，各城邦的居民有相似的語言和風俗。猶太人的風俗在當時確實與迦南人有許多相似之處，甚至烏加列的許多神話也與《舊約》有許多相似之處。

　　西元前1400年，烏加列曾經繁榮一時，是個國際性的貿易港口，到這裡來的有邁錫尼人、埃及人、胡里安人、西臺人和巴比倫人。後世學者們把廢墟中出土的泥版文字翻譯出來之後，發現希伯來的上帝雅威（YHWH，又譯作耶和華）和早期烏加列崇拜的偶像有許多相同點。在猶太人形成一神教的過程中，雅威似乎綜合了過去迦南的神祇厄勒和巴力的一些特質。但《舊約》裡的先知們為了否認這種聯繫，強調雅威的獨一無二，稱巴力為敵人部落的偽神。

　　迦南人的眾神與美索不達米亞的眾神也有許多共通之處。厄勒（El）是眾神之首，主持並貫徹國王制，他富有智慧和同情心，但很少顯現，這種超然的形象很像兩河神話中的神王「安努」（Anu）。他的兒子巴力・哈達德（Baal Hadad）是暴風雨之神，性格暴躁而活躍，就像兩河神話中的風神恩利爾，活躍在戰場和衝突之間。

　　巴力統治著風雲、雨露、霧氣、雷和閃電。他永不停息，老是陷入各種衝突之中。有關他的一系列神話故事是現存烏加列古代作品中最重要的部分，描述他為了捍

衛權位而進行鬥爭，以及他的死亡和重生，這些都是古代近東神話人物常見主題。

　　巴力最主要的敵人之一就是他的兄弟——海神漾（Yamm）。人們相信，漾會出現在海水濺起的浪花或危險的湍流之間。對人類來說，海神漾是個象徵渾沌、無序與危險的角色。一則神話提到，神王厄勒的兩個兒子巴力和漾彼此作對，起初強大的漾似乎佔據上風，而且比巴力更受父親厄勒寵愛，甚至獲得厄勒批准可以建造一座豪華的宮殿——宮殿可是君主特有的標誌。於是漾派出兩名特使去覲見厄勒，讓他們在厄勒面前不要匍匐下跪，而是站著傳達漾的口信：「把巴力交出來，我好承襲他的黃金！」

　　由於漾實力強大又咄咄逼人，他的使者到達厄勒的宮廷後，發現眾神都低垂著頭，擺出順從的姿態。使者們驕傲地傳達了漾的口信，於是厄勒命令他們帶回以下口信：「讓巴力成為你漾的奴隸。他和其他眾神一樣，必須向你臣服。」

　　但巴力不怕漾的威脅。他抓起掛在王宮牆上當裝飾的一件武器，衝上前去想殺死兩名信使，只是聽到了亞娜特（Anat）和阿什塔特（Ashtart）兩位女神的勸阻才停了下來。兩位女神指出，信使是不可侵犯的，攻擊他們就是大逆不道。不過阿什塔特女神與太陽女神沙帕什（Shapash）內心是站在巴力這一邊的，阿什塔特就曾向沙帕什訴苦道：「巴力既沒有宮殿也沒有居所，恐怕就要被漾打敗了。」而太陽女神則勸解道：「這或許是因為厄勒覺得巴力還沒有結婚，還太年輕。」故事到這裡，記載後續故事的泥版一片模糊，似乎是巴力來到了漾的宮殿並和漾打起來了。由於雙方實力差異，加上漾有大量深海怪獸幫襯，巴力一度處境窘迫，像奴隸一樣絕望地匍匐在漾的王座前。

　　這時，已經在海底替漾修建宮殿的工匠之神科塔–瓦–哈斯找上巴力，並對他說現在的局勢關乎到他是否能成為國王，他還鼓勵巴力說：「王子巴力，你是雲的駕馭者，你必須粉碎你的敵人，把他們消滅，收回你永恆的王位！」為了達到這一目標，科塔–瓦–哈斯設計出一對具有魔力的棍棒給巴力當武器。這對武器名為「Yagarish」（意為驅趕者）。科塔–瓦–哈斯對它們說：「你們要像老鷹一樣從巴力手中飛出，把漾從王座上趕下來。」

　　但漾並沒有倒下。於是科塔-瓦-哈斯調整原有版本，增添了一些新功能，修正了一些漏洞，大大提高武器命中率。這對被命名為「Ayamari」（意為追趕者）的新武器，成功地擊中漾的雙眼之間，使他一個踉蹌跌下王座。之後巴力撕裂了漾，就像巴比倫神話裡馬杜克（Marduk）戰勝提亞馬特（Tiamat）後所做的那樣。另一種說法則稱巴力可能取下了漾的王徽戴在自己身上，就像馬杜克從叛神基庫（Kingu）身上取下命運石版（Tablet of destinies）一樣。

　　巴力地位的上升可能反映了烏加列在眾多迦南部落中逐漸取得支配地位的過程。在古代，類似這樣由老一代的天神向年輕一代的雷雨神移交權力的神話是很多的。例如厄勒原是以色列的神，後來被雅威取代；西臺人的神庫馬爾比被其子特舒卜所取代；兩河的安努移交神權給年輕的馬爾杜克；因陀羅成為婆羅門眾神之王帝釋天；希臘的克羅納斯被他最小的兒子宙斯打敗放逐等。

C.北歐神話中的海神埃吉爾

　　「埃吉爾」（Aegir）在古代斯堪地那維亞語中的意思就是「海洋」。在北歐神話中，埃吉爾既不屬於奧丁的亞薩（Aesi）神族，也不屬於華納神族，而是自成一脈。不過也有說法稱，他的父親是巨人族的古老祖先——哥特蘭島、克文蘭島與芬蘭之王佛恩尤特（Fornjót）。除了海神埃吉爾外，佛恩尤特還有羅吉（Logi）與卡利（Kári）兩子，分別掌管火焰與風。

　　海神埃吉爾家產萬貫，他的宮殿富麗堂皇、美輪美奐，無需用火把，只用黃金的反光即可滿室生輝。他起初並不服從奧丁，但後來被奧丁折服，遂與亞薩眾神關係變

得友好，常用自家釀造的麥酒邀請亞薩諸神召開宴會。為了裝下海量的麥酒，雷神索爾不得不去向巨人希米爾討取一個巨大的鍋。希米爾提出，只要索爾能摔碎他家的水晶杯，他就把鍋借給索爾。但不論索爾如何摔打，杯子都沒有摔爛。後來，索爾從希米爾妻子得知，希米爾的頭堅硬無比，硬度賽過一切石頭，於是將杯子砸向希米爾的頭，杯子果然摔得粉碎，索爾順利借走了大鍋。但索爾走後不久，希米爾便後悔了，他率領一群巨人去追，都被索爾用雷霆之錘解決掉了。自此，亞薩眾神每年都能在埃吉爾的宮殿中無限暢飲麥酒了。

埃吉爾的妻子深海王后瀾（Rán）有一張巨大的網，用來捕捉航海者，打撈海底沉船的財富。在《艾達》和《沃爾松格氏傳奇》中，瀾曾把網借給洛奇，用於捕捉侏儒恩德瓦爾。事情的起因是洛奇砸死了侏儒赫瑞德瑪的兒子化身的水獺，奧丁答應向赫瑞德瑪賠償能覆蓋其子身上每一根毛髮的黃金。為了獲得如此驚人數量的黃金，洛奇用瀾的網捉住化身狗魚的恩德瓦爾，搶走了恩德瓦爾山洞裡所有的寶藏。恩德瓦爾戒指的詛咒把被囚禁的女巫古爾薇格（Gullveig）從山洞裡釋放了出來，即使是奧丁也不能阻止古爾薇格進入阿斯加德，從此惡意和不祥之兆便在阿斯加德上空縈繞，最後奧丁不得不判古爾薇格死罪，並親自用長矛殺死了她。

海神埃吉爾與瀾育有九個女兒，又稱揚波之女（The Billow Maidens），有學者認為她們可能就是共同孕育了亞薩園守護神海姆達爾（Heimdall）的海浪九姐妹。海姆達爾身軀高大，英俊美貌，皮膚潔白如雪，因此他也被稱為白神。他眼觀四方，無論白晝黑夜都能看300公里遠；耳聽八面，甚至能聽出青草生長的聲音。他最重要的任務，就是時刻警惕地看守著亞薩園大門，不讓亞薩神的敵人——巨人或者其他惡魔來襲擊和破壞。神話中海姆達爾騎在金鬃馬上，肩上掛一個大號角，以吹號宣布眾神行蹤。發生緊急事故時，號角長鳴，聲震雲霄。

IV 複雜的太陽男神——阿波羅

Apollo

希臘神名／阿波羅

羅馬神名／阿波羅

父母／宙斯（父親）、麗朵（母親）

子女／奧菲斯、艾斯庫拉皮斯

主司／太陽、光明、音樂、醫藥、詩歌

象徵物／太陽戰車、里拉琴、月桂樹

❶ 擔負的角色

　　阿波羅常被描繪為英俊健美的年輕人，他甚至是古希臘男性陽剛美的典範。除了我們所熟知的太陽神之外，他的神職還包括許多方面：他既是弓箭手的守護神、狩獵人的保護者，也是治療之神、醫神艾斯庫拉皮斯的父親；他還是音樂和藝術之神，繆思女神們的首領，是彈奏里拉琴的一把好手。除了這些，我們也熟知他有過許多風流韻事和私生子，最著名的就是由於小愛神艾若斯的捉弄，他追求達芙妮失敗，轉而把達芙妮變成的月桂樹視作自己的聖樹，摘下它的枝葉做成桂冠戴在自己頭上的故事。不過阿波羅的故事遠比表面上看起來複雜，讓我們從他的出生說起。

❷ 誕生和復仇

一則希臘神話稱，宙斯追求泰坦男神柯俄斯與泰坦女神弗伊碧之女麗朵，把自己和麗朵都變成了鵪鶉，從而佔有了她，麗朵懷上了阿特蜜斯與阿波羅。但嫉妒的赫拉派出大蛇匹松（Python）到處追逐麗朵，不許她在任何陽光所及之處產子。麗朵在南風神的帶領下，來到德洛斯島附近的奧逖吉亞島生子，阿特蜜斯出生後，立即幫助母親渡過狹窄的海峽來到德洛斯島。麗朵藏身辛特斯山（Mount Cynthus）北麓一棵橄欖樹和一棵椰棗樹之間的樹蔭中，經過九日的痛苦分娩才生下了阿波羅。正義女神用瓊漿玉露餵養他，因此他長得很快。到了第四天，阿波羅便開口向工匠之神赫費斯托斯要了一副弓箭，七個月後便離開了德洛斯島，直奔希臘中部的帕拿索斯山，他母親的敵人大蛇匹松就潛藏在那裡。阿波羅手持從赫費斯托斯那兒得來的弓箭追殺大蛇，儘管大蛇試圖躲到地母的神諭所尋求庇護，阿波羅卻不顧一切地追到祭壇上，幹掉了匹松。

《阿波羅斬殺匹松》維
吉爾‧索利斯（Virgilius
Solis），年代不詳

《黛安娜與林中仙女追逐獵物》魯本斯1636─1639年

●黛安娜是阿特蜜斯的羅馬名，她是阿波羅的攣生姐姐。她向父親宙斯許諾永遠做處女，因此成了貞潔的象徵；同時她也是希臘神話中著名的狩獵女神，在林間與荒野，她常手持弓箭，在獵犬與山林寧芙的陪同下狩獵。如同弟弟阿波羅被視為太陽神一般，阿特蜜斯常代表著月亮，許多繪畫作品中，她頭上都佩戴著月亮髮飾。

《阿波羅與黛安娜》克拉納赫（Cranach），約1526年

❸ 奪取德爾菲城神諭所

　　眼見神聖的祭壇上沾染了謀殺的血污，憤怒的地母遂向宙斯投訴，於是宙斯勒令阿波羅前往帖薩利的坦佩谷淨罪，還讓他以匹松的名義舉行競技大會，即皮提亞運動會（Pythian Games）。這是古希臘與奧林匹亞競賽齊名的四大泛希臘賽會之一，競賽的活動內容十分豐富，除了多項田徑賽事外，還包括吟詩和音樂比賽。

　　然而，阿波羅滿不在乎地無視了宙斯讓他去坦佩谷的命令，而在姐姐阿特蜜斯的陪同下去了埃癸勒伊亞（Aigialeai）淨罪，不久後又因為不滿這裡的食宿條件，轉往克里特的塔耳勒（Tarrha），讓國王卡耳馬諾（Carmanor）為他主持淨罪儀式。

　　返回希臘途中，阿波羅找到了聲名狼藉的山羊腿潘恩，用花言巧語哄騙他說出預言術的祕密後，奪取了地母在德爾菲的神諭所。阿波羅開始用自己的神諭來指導人們，保留了原來的女祭司，只是將她們改名為皮提亞。一首歌頌阿波羅的荷馬式讚歌稱，德爾菲之名來自海豚（Dolphin），因為阿波羅頭一回來到德爾菲時便是化身海豚，海豚背上還馱著一個來自他的出生地德洛斯島的祭司。

（左上圖）《潘恩與徐綾絲》法蘭索瓦·布雪1759年
（右上圖）《潘恩與賽姬》恩斯特·克里姆特（Ernst Klimt）1892年
（左下圖）《斬殺匹松的勝利者阿波羅》彼得羅·本韋努蒂（Pietro Benvenuti）1813年
（右下圖）《阿波羅斬殺匹松獲得勝利》諾爾–尼古拉斯·夸佩爾（Noël-Nicolas Coypel）1688年

《阿波羅與馬敘亞斯之間的音樂比賽》科尼利斯・范・波倫伯格（Cornelis van Poelenburch，17世紀

④ 爭強好勝的音樂家

　　之後阿波羅殺死了弗里吉亞大母神庫柏勒的隨從馬敘亞斯（Marsyas），事情的經過是這樣的：某日，雅典娜用鹿骨做了一支雙管笛，在宴會上為眾神演奏。但她不明白為何當別的神聽得興致盎然時，阿芙蘿黛蒂和赫拉卻在暗地裡捂著嘴竊笑，於是雅典娜獨自來到弗里吉亞的樹林，在一汪清泉前一邊吹奏一邊看著水中倒影。她發現自己在吹奏時，腮幫子鼓起，臉頰紅得不成樣子。愛美的女神憤而扔掉了笛子，並詛咒任何撿到它的人不得好死。

　　馬敘亞斯就是這個詛咒的受害者。他撿起笛子後就毫不遲疑地跟著腦海中雅典娜吹奏的旋律吹奏起來。在回到大母神的隨從隊伍後，他的笛聲讓那些崇拜庫柏勒的鄉野農夫們聽了都大聲叫好，紛紛稱讚甚至連阿波羅本神都演奏不出這等美妙的音樂，而馬敘亞斯也毫不謙虛地接受了。這話當然傳到了阿波羅耳中，阿波羅大為光火，他立刻向馬敘亞斯發出挑戰，並約定輸掉的人由勝者任意處置。

　　馬敘亞斯接受了挑戰，於是阿波羅指定繆思為裁判。但這是場勢均力敵的比賽，阿波羅的里拉琴和馬敘亞斯的雙管笛演奏出的音樂都美妙無比，深深打動了繆思評審團。阿波羅心生一計，大聲朝對手叫道：「不行，我說了，你得按我的方式來，我們把各自的樂器掉個頭，然後同時吹唱。」

　　毫無疑問，對於吹奏笛子的馬敘亞斯來說，這是個不可能完成的挑戰，而阿波羅倒置了里拉琴，邊彈邊唱起一首讚美奧林帕斯眾神的頌歌，使繆思們聽得如癡如醉，當即宣布他為贏家。比賽結束後，阿波羅對馬敘亞斯進行了最殘忍的報復：他活剝了馬敘亞斯的皮，並把肉掛在一棵松樹上，也有人說是掛在懸鈴木上。

《時光音樂之舞》普桑，約1638年
●普桑追求莊嚴肅穆、典雅高貴的古典藝術風格。這幅畫表現的是「時光流逝」的主題，畫面中心的四位舞者正圍成圓圈起舞，她們代表著人間四季的輪迴，對於人類來說，時間總是匆匆流轉；而畫家借阿波羅的形象表現人類在時間面前的渺小，因為太陽神永遠會駕著他金光閃閃的馬車，穿越黑暗、穿越四季，時間的流逝是亙古不變的。

（上圖）《馬敘亞斯吹奏雙管笛吸引野兔》以利胡・維德（Elihu Vedder）1899年

（下圖）《阿波羅剝下馬敘亞斯的皮》布隆津諾（Agnolo Bronzino）1531—1532年

　　在這之後，阿波羅又贏了一場音樂比賽，這次的對手是潘恩。除了繆思外，弗里吉亞國王邁達斯也是評審之一。因為他堅持潘恩的雙管蘆笛比阿波羅的里拉琴好聽，阿波羅懲罰他長出了一對驢耳朵。此後邁達斯不得不用頭巾纏住耳朵，但他有一對驢耳朵的事還是傳了出去，受到眾人恥笑的邁達斯最後自盡身亡。自此之後，阿波羅便成了音樂之神，負責在眾神的歡宴上彈奏里拉琴助興。

《阿波羅與潘恩的比賽贏取勝利》雅各布・約爾丹斯（Jacob Jordaens）1637年

《阿波羅與達芙妮》局部，貝尼尼1622—1625年

●作品定格在故事最精彩、緊張的一幕——阿波羅即將追上達芙妮的瞬間。阿波羅的手已經觸碰到了達芙妮的身體，而達芙妮的手臂、頭髮和雙腳也開始長出月桂樹枝。貝爾尼尼是巴洛克藝術的傑出代表，作品充滿律動感和戲劇張力。

❺ 男神的愛情之旅

　　儘管阿波羅堅決拒絕步入婚姻殿堂，但這並不妨礙他和許多寧芙仙女及凡間美人生孩子，其中最知名的一位後代，是後來成了醫神的艾斯庫拉皮斯，他的母親是掌管喜劇與牧歌的繆思陶麗雅（Thalia），此外還有至少十名人間國王或半神自稱是阿波羅的孩子。不過阿波羅在情場上也並非一帆風順，有一回他試圖從金羊毛英雄團成員之一的艾達斯（Idas）那裡拐走瑪爾貝莎（Marpessa），但她始終忠於自己的丈夫，拒絕了阿波羅的追求。

《阿波羅與達芙妮》沃特豪斯1908年

A.美少女達芙妮

　　阿波羅試圖追求河神彼內斯（Peneus）之女、地母的女祭司達芙妮（Daphne），但當他終於追上她時，達芙妮哭喊著向地母求助，地母立即將她送到克里特島，在那裡她被稱作巴喜菲，然後在達芙妮消失的地方留下一棵月桂樹。這個神話的另一個常見版本，來自於古羅馬詩人奧維德的《變形記》：為了躲避阿波羅的追求，達芙妮懇求父親河神把她變成一棵月桂樹。於是，追求女神失敗的阿波羅用月桂樹葉編成桂冠，戴在頭上，聊以自慰。

（左圖）《阿波羅追逐達芙妮》科內利斯‧德‧沃斯（Cornelis de Vos）1630年
（右圖）《阿波羅與達芙妮》提也波洛1744—1745年

（上圖）《阿波羅與海亞辛斯在林間彈奏玩耍》亞歷山大‧伊萬諾夫（Aleksandr Ivanov）1834年

（中圖）《海亞辛斯之死》讓‧布洛克（Jean Broc）1801年

● 海雅辛斯倒在阿波羅懷中，阿波羅身上飄揚的紅色紗巾暗示了兇手正是西風神。

（右圖）《海亞辛斯之死》提也波洛1752—1753年

　　阿波羅追求達芙妮並非一時興起，而是有原因的。根據奧維德《變形記》裡的說法，阿波羅用弓箭射殺巨蛇匹松後，曾得意洋洋地對丘比特（即希臘神話中的艾若斯）吹噓，並稱丘比特的箭只是兒童玩具。於是丘比特將激發愛情的金箭射向阿波羅，將拒絕愛情的鉛箭射向達芙妮，用「達芙妮變月桂樹事件」讓阿波羅知道「兒童玩具」的厲害。儘管阿波羅在丘比特那兒吃癟，他對情敵俄諾馬俄斯（Oenomaus）之子柳西樸（Leucippus）可毫不手軟。後者男扮女裝潛入達芙妮的山林，參加寧芙們的狂歡慶典，阿波羅得知這一消息後，便建議山林寧芙們裸浴，好分辨同伴裡是不是有男扮女裝的男子混進來。柳西樸就這樣露了餡，被寧芙們撕成了碎片。

B.美少年海亞辛斯

　　阿波羅的名字還常和美貌的斯巴達王子海亞辛斯聯繫在一起。阿波羅和詩人塔米里斯（Thamyris）都愛慕著海亞辛斯。為了爭奪海亞辛斯，他們展開了激烈的競爭。在無意中聽到塔米里斯吹噓自己的歌聲勝過繆思後，阿波羅把這個消息透露給繆思們，憤怒的繆思們立即奪走了詩人的視力、歌喉與彈奏豎琴的技藝，於是，在這場愛情博弈中，阿波羅暫時佔據了上風。但後來西風神也愛上了海亞辛斯，瘋狂地嫉妒著更受海亞辛斯青睞的阿波羅，於是某日趁阿波羅教海亞辛斯投擲鐵餅的時候，西風神在半空中攔截了鐵餅並轉而擲向海亞辛斯的頭顱。海亞辛斯當場死去，從他的鮮血中誕生了一種花，據說便是風信子。

⑥ 接二連三地闖禍

　　做為阿波羅的父親，宙斯固然不是個很好的榜樣，不過做為兒子，阿波羅也著實算不上優秀的典範。某日，宙斯的傲慢暴躁讓眾神實在無法忍受，於是赫拉、波賽頓、阿波羅和除了灶神赫斯提亞（Hestia）以外的奧林帕斯山眾神發起了一場叛亂。趁宙斯在長椅上小睡時，眾神猛然用生牛皮把他牢牢捆住，還打了上百個死結，使他連根手指都動不了。眾星拱月的宙斯哪裡受得了這樣的羞辱，威脅眾神趕緊放開他，不然就把他們通通殺死，但眾神把宙斯的雷霆挪得遠遠的，圍著宙斯無情地嘲笑。

　　正當眾神為誰才夠資格擔任下任神王而爭吵不休時，海洋女神緹蒂絲預見到奧林帕斯山即將爆發內戰，便趕緊找來百臂巨人解圍，解救了宙斯。由於赫拉是主謀，宙斯便使用金鐐銬拴住她的手腳，將她倒吊在半空中。眾神畏懼宙斯的怒火，都不敢上去

《法厄同在阿波羅的馬車上》尼古拉斯‧伯尼汀（Bertin Nicolas），約1720年

《帕拿索斯山》拉斐爾1509—1510年
●在希臘神話中，帕拿索斯山是九位繆思女神居住的地方。拉斐爾描繪的正是繆思女神們圍繞在阿波羅身邊的場景，在他們身旁的都是古希臘與古羅馬的聖賢們。

喜劇繆思　　悲劇繆思　　抒情詩繆思　　阿波羅　　詩人荷馬　　詩人但丁　　詩人維吉爾

為她求情，直到他們發誓今後再也不敢背叛宙斯後，宙斯才終於放過了赫拉。波賽頓和阿波羅被發配到特洛伊，給國王拉奧梅東當奴隸，據說特洛伊的城牆就是這兩位叛神修築的。不過宙斯寬恕了其他神祇，因為他們是被脅迫的。

在廢黜宙斯的陰謀失敗後，阿波羅還惹惱過一次宙斯。這是因為他的兒子艾斯庫拉皮斯救活了一個本已死去的人，侵犯了黑帝斯的權益，黑帝斯自然免不了向弟弟宙斯投訴一番，讓他看管好自己的小輩。於是宙斯用雷霆把艾斯庫拉皮斯轟入地府，阿波羅得知後，便殺死獨眼巨人賽克羅普斯（Cyclopes）以示不滿。失去了優秀武器匠人的宙斯暴跳如雷，要不是麗朵極力懇求宙斯開恩，並擔保阿波羅下次絕不會再犯，宙斯肯定會把阿波羅打入塔爾塔茹斯深淵。阿波羅聽從了母親的勸告，老老實實地接受宙斯的判決，到人間服了一年苦役。自此之後，阿波羅學到了教訓，開始宣揚起萬事須有分寸的道理。「認識你自己」、「凡事勿過度」成了他的口頭禪，至今人們仍能在德爾菲的神廟上看到這兩句話。他還把繆思從老家赫利孔山帶到了德爾菲，改變了她們粗野的生活作風，使她們成了文雅端莊的典範。

阿波羅旗下的九位繆斯女神

Muse of Mime
頌歌女神

英文名：Polyhymnia
中文名：波麗西米雅
姓名寓意：許多頌歌
象徵物：面紗

Muse of Drama
喜劇女神

英文名：Thalia
中文名：陶麗雅
姓名寓意：繁茂蒼翠的
象徵物：喜劇面具、牧杖、鈴鼓

Muse of Astronomy
天文女神

英文名：Urania
中文名：尤蕾妮雅
姓名寓意：天空
象徵物：地球儀、圓規

Muse of Love Poetry
愛情詩女神

英文名：Erato
中文名：埃瑞朵
姓名寓意：可愛的
象徵物：七弦琴

Muse of Epic
叙事與雄辯詩女神

英文名：Calliope
中文名：卡萊雅碧
姓名寓意：聲音悅耳的
象徵物：蠟板

※注：這九位繆思女神形象來自於約翰・海因里希・威廉・蒂施拜因（Johann Heinrich Wilhelm Tischbein）1771-1782年間繪製的組畫。

Muse of Tragedy

悲劇女神

英文名：Melpomene
中文名：梅波繆妮
姓名寓意：聲音甜美的
象徵物：悲劇面具

Muse of Dance

歌舞女神

英文名：Terpsichore
中文名：托西克麗
姓名寓意：熱愛舞蹈的
象徵物：七弦琴、常春藤

Muse of Music&
Lyric Poetry

音樂與抒情詩女神

英文名：Euterpe
中文名：尤特碧
姓名寓意：歡愉的
象徵物：雙管長笛

Muse of History

歷史女神

英文名：Clio
中文名：克萊歐
姓名寓意：美譽的
象徵物：月桂冠、羊皮紙卷

V 尋找酒神戴奧尼索斯的蹤跡

Dionysus

希臘神名／戴奧尼索斯
羅馬神名／巴克斯
配偶／雅瑞安妮
父母／宙斯（父親）、瑟美莉（母親）
主司／酒、歡愉
象徵物／葡萄、山羊

❶ 酒神的身世

A.瑟美莉與宙斯之子

　　位於希臘中部波提亞（Bottiaea）一帶的古城底比斯說是戴奧尼索斯出生的地方，他的母親是底比斯的公主瑟美莉（Semele）。神王宙斯愛慕她的美貌，化身凡人夜夜與她幽會，很快瑟美莉就有了身孕。這樁韻事隨即被神后赫拉知曉，妒恨的赫拉化身成一名老婦來到王宮，對瑟美莉說：「跟您幽會的是一個怪物。看，他每次都是晚上到來，從不顯露他的面容，這就是他企圖掩蓋他本質的證明呀！」瑟美莉嚇得花容失色，驚叫道：「可是他跟我說他是一位天神！」赫拉隨即表示：「既然這樣，不如等他下次來拜訪您的時候，您要求他在斯提克斯冥河面前起誓，讓他滿足您提出的任何一個願望，您趁機要求他在您面前展露真身，不就一清二楚了嘛。」

《墨丘利把嬰兒巴克斯托付給林中仙女》法蘭索瓦‧布雪1769年

　　是夜，宙斯再次拜訪瑟美莉的寢宮，瑟美莉聽信赫拉的教唆，要求宙斯對著冥河發誓。宙斯不疑有它，爽快地答應了。隨後瑟美莉要求宙斯在她面前顯露真身，此時宙斯卻猶豫了，因為天神的真容是凡人的眼睛無法直接承受的。然而，面對斯提克斯冥河立下的誓言是不可撤銷的，即使神王也會在冥河可怕的威力之下戰慄。無可奈何的宙斯只好以電閃雷鳴的真身出現在瑟美莉面前，瑟美莉當場被雷電擊中身亡。

　　赫拉剷除情敵的陰謀順利實現，但她沒有料到，信使神荷米斯把尚在瑟美莉腹中的孩子——小戴奧尼索斯救出來，交給了宙斯。宙斯可憐這未足月的嬰孩，把他縫入自己的大腿，戴奧尼索斯的名字由此而來，意為瘸腿宙斯。

B.其他版本

　　不過，關於戴奧尼索斯身世的說法有好多種，其中一種說法稱戴奧尼索斯是波瑟芬妮與宙斯之子。這個版本實在糟糕，因為希臘神話裡的波瑟芬妮是宙斯與穀物女神黛美特的女兒。不過這種說法可能源於希臘人在引入他國神祇時對神名的誤解。瑟美莉，其名字來源於「瑟雷斯」——弗里吉亞的語系中的詞根「大地」，是一位統治人間與地下世界的女神。她有一個兒子，每年秋季都會死去，然後在來年春季復活。也許希臘人在模仿這個神話時，根據神職把她的故事套在冥后波瑟芬妮身上，結果倒使得宙斯背上了亂倫的名聲。

　　宙斯化身為蛇去看望波瑟芬妮，後者為他生育了一個帶角的嬰兒——紮格柔斯，也就是日後的戴奧尼索斯。剛出生不久，這孩子就爬上他父親的寶座，仿照宙斯的樣

《瑟美莉之死》草圖，魯本斯，年代不詳

《墨丘利將巴克斯交給山中仙女》勞倫特・德・拉・海爾（Laurent de La Hyre）1638年

子，用他的小手放出雷電。但他坐上寶座的時間並不久，有一次他照鏡子的時候，透過鏡面看到叛逆的泰坦諸神手持利刃來謀殺他。小戴奧尼索斯變化成各種形態，試圖躲避他們的攻擊。他變成宙斯，變成宙斯的父親克羅納斯，又變成年輕人、獅子、馬和蛇，最後變成公牛，但最終還是被泰坦們殺死，剁成數塊。

　　克里特島上的說法稱戴奧尼索斯是宙斯的私生子，宙斯遠赴海外時，把王位和軍權都交給了年幼的戴奧尼索斯。宙斯知道妻子嫉妒這孩子，便將他託付給心腹侍衛加以保護。不料赫拉賄賂了侍衛，用一種波浪鼓似的玩具和巧製的鏡子引逗這孩子進入預先設有埋伏的地方，由她的泰坦僕從將他殺死肢解，並煮熟吃掉。孩子的姐姐智慧女神雅典娜祕密保留了他的心臟，等宙斯回來時向他陳述了全部的事實。宙斯十分憤怒，將泰坦僕從拷打致死，並為孩子製作雕像，把心臟放了進去，還建造了一座宮殿以寄託哀思。後來克里特島上祭祀酒神的儀式就再現了這番景象。

　　在另一個版本中，宙斯曾把戴奧尼索斯帶到奧林帕斯山，使他正式成為天神的一員。在神山上，血腥的一幕再度發生。趁宙斯外出尋歡作樂時，赫拉安排一群泰坦殺害了戴奧尼索斯，從他體內噴濺的鮮血化作一棵石榴樹。據說這就是人們在祭祀他的日子裡不吃石榴的原因。宙斯的母親瑞亞可憐這個孩子，收集了他的碎塊將他復活。為了保護孩子不受傷害，宙斯把孩子送到冥后波瑟芬妮身邊，後者把孩子送給國王阿塔瑪斯撫養。

（左圖）《痛飲中的巴克斯》圭多・雷尼，約1623年
（右圖）《酒神巴克斯》西蒙・所羅門（Simeon Solomon）1867年
（下圖）《酒神巴克斯的勝利》維拉斯奎茲，約1628—1629年

《酒神巴克斯》魯本斯1638—1640年

《諸神的宴會》喬凡尼‧貝里尼（Giovanni Bellini）1514年
●小酒神頭戴葡萄藤冠，正在農牧神法努斯身前的酒桶處裝酒。這幅作品表現的是希臘諸神的歡宴，
卻有著濃厚的俗世氛圍。

❷ 酒神的遠征

　　戴奧尼索斯長大後，長年在四處漫遊，美其名曰「遠征」。他的身邊有著一
群酒神狂女，她們在狂歡的氣氛中，如醉如癡，舞之蹈之，追隨著他從一個王國到
另一個王國。與之為伍的還有長著山羊蹄子的山神薩提爾和肥胖的林神西勒努斯
（Silenus）。

薩提爾 Satyr
山神

西勒努斯Silenus
林神

法努斯 Faunus
農牧神

潘恩 Pan
山神

黛美特 Demeter
穀物女神

阿波羅 Apollo
太陽神

波賽頓 Poseidon
海神

宙斯 Zeus
眾神之王

荷米斯 Hermes
神之使者

巴克斯 Bacchus
酒神

洛緹絲 Lotis
水澤仙女

普瑞亞布斯 Priapus
生殖之神

A.遠征埃及

　　據說，酒神遠征的首站是埃及，他受到當地國王的熱情款待。為了回報國王的盛情，酒神把葡萄酒的釀製法傳授給他，從此，葡萄酒在埃及流行起來。至少海港城市亞歷山大城裡的希臘居民是這麼認為的。當然，埃及人對此持不同看法，因為他們覺得戴奧尼索斯的故事和他的祭祀儀式與本地神祇奧西里斯很相似，至少是關於死後復活那一部分。再者，奧西里斯也肩負植物神，尤其是葡萄藤之神一職。當地不少學者認定，戴奧尼索斯其實就是變相的奧西里斯，是直接從埃及傳入希臘的。不過也有學者認為戴奧尼索斯崇拜更像是來自瑟雷斯。在古代，瑟雷斯族人是以酗酒著稱的，但他們神祕的教義和奢靡的儀式對大多數希臘人來說都是很有吸引力的，於是對戴奧尼索斯的崇拜很快就如野火般傳遍了整個希臘。

B.遠征印度

　　酒神遠征的第二站是印度。當他們途經敘利亞時，當地國王對他們滿懷厭惡，下令把他們驅逐出境。在這場國王與酒神的較量中，酒神大勝，倒楣的國王像葡萄一樣被剝了皮。之後戴奧尼索斯用葡萄藤建造了橫跨幼發拉底河的橋樑，而宙斯派出一隻老虎幫助戴奧尼索斯渡過了底格里斯河。穿越兩河流域的酒神旋即征服印度，把葡萄酒釀造工藝與酒神教義一併傳播入境。

（左圖）《酒神巴克斯的凱旋》邁爾頓‧范‧希姆斯柯克（Maerten van Heemskerck）1536—1537年
（右圖）《酒神巴克斯的勝利》查理斯‧約瑟夫‧納圖伊爾（Charles Joseph Natoire）1736年

C.遠征瑟雷斯

酒神的教義傳播過程並非總是那麼順利。在瑟雷斯，酒神就遇到了來自埃多尼亞國王萊克爾庫斯的阻力。其實，萊克爾庫斯和酒神的恩怨很早就結下了。他在山中打獵的時候，襲擊了撫育戴奧尼索斯的山林女神們。那個時候戴奧尼索斯年紀尚小，驚慌失措之下，他跳進了大海，在海洋女神緹蒂絲的保護下找到了避難之處。

等到戴奧尼索斯長大後遠征瑟雷斯時，戴奧尼索斯的保護者、西亞的豐產母神庫柏勒懲罰萊克爾庫斯，使之陷入癲狂，在一陣狂亂中誤殺了自己的兒子，以為自己是在修剪葡萄藤。等他清醒過來後為時已晚，他的兒子已變成了碎塊，整個瑟雷斯也因植物凋零而陷入恐慌。此時，戴奧尼索斯出面宣布，只有在潘伽昂山上將萊克爾庫斯五馬分屍，才能再次令瑟雷斯的植物豐產。於是，驚恐的民眾處死了國王，接受並開始崇拜戴奧尼索斯。

D.遠征底比斯

時隔多年後，戴奧尼索斯來到了古希臘城邦的典範——底比斯。這次，他不是以戴奧尼索斯神的身份到來，而是自稱為神的使者，一個游走的教士，身著女人衣服，留著披肩的長髮，儼然一個來自東方的外國佬，長著顏色深暗的眼睛，勾人魂魄，能言善辯，他周圍圍繞著一大幫言行瘋癲的女人。這情形激怒了高傲的國王彭透斯，他想把他們全部驅逐出境。

但是，底比斯城的所有已婚婦女都被戴奧尼索斯弄得瘋瘋癲癲了，尤其是彭透斯的母親阿革薇，因為是她宣稱瑟美莉和宙斯從來沒有任何關係，說瑟美莉是歇斯底里的人，和某人發生了關係，但是大家都不知道到底誰，又說她死於因不慎引起的火災，還說儘管她曾有過一個兒子，可是那個兒子早已死掉——總之，瑟美莉的孩子不可能是宙斯的兒子。這些婦人們的生活方式本與追隨戴奧尼索斯的瘋狂女大相徑庭。但是，就連她們也被酒神以他的妄言弄得瘋狂起來。她們拋棄子女，荒廢家務，離開丈夫，到荒無人煙的土地上、山林裡、森林裡去生活。在那裡，她們身穿名門貴婦所不恥的奇裝異服，進行各種各樣的瘋狂活動。

聽到這一消息，彭透斯更加憤怒了。他認為那群酒神女信徒們對這場氾濫全城的女性混亂負有責任，於是決心對她們採取嚴厲

措施。他命令衛兵把信仰戴奧尼索斯的所有
狂熱分子抓起來，並把她們通通投進監獄。
但是她們剛被丟進監獄裡，戴奧尼索斯就用
魔力把她們解救了出來。於是，彭透斯決
定收拾那個流浪者、那個引誘婦女的神使。
他下令把他逮捕起來，給他戴上沉重的鐵枷
鎖，把他和牛馬一起關進牲畜欄舍裡。彭透
斯認為事情已經大功告成，就命令士兵準備
一次軍事遠征，去捕捉並帶回所有還在外邊
胡鬧的婦女們。但就在此時，王宮裡突然燃
起熊熊大火，宮殿牆壁應聲傾倒，原本被關
在欄舍裡的戴奧尼索斯突然出現在王宮，臉
上帶著如故的笑容，身上毫髮無損。這時，
酒神的女信徒們已經衝進王宮了，彭透斯被
包括母親阿革薇在內的婦人當作一頭獅子，
撕成了碎片。

　　在酒神的故事中，撕成碎塊的橋段實在
太多了，即使在以血腥暴力著稱的希臘神話
裡也獨樹一幟，這似乎與眾神印象中酒神是
一位歡樂又愛惡作劇的神祇形象大相徑庭。

　　在一則希臘神話中，戴奧尼索斯賦予弗
里吉亞國王邁達斯點石成金的金手指，他誤
把自己親愛的女兒變成金色雕像後，酒神訓
斥了邁達斯一番，見他真心不想要這帶來不
幸的金手指，才收回了法術。

《巴克斯的歡宴》小楊・布呂赫爾（Jan Brueghel the Younger），年代不詳

BACCHVS GVM AMPELO

《巴克斯和安普洛斯》喬萬尼·多明尼克（Giovanni Domenico Campiglia），年代不詳

❸ 酒神的情人

A.美少年安普洛斯

　　除了酒神那些狂亂的事蹟外，戴奧尼索斯和美少年安普洛斯的愛情故事也是人們津津樂道的。兩人相遇不久後，安普洛斯就死於一場打獵意外。眾神同情悲傷的戴奧尼索斯，把安普洛斯變成了一根葡萄藤。戴奧尼索斯激動地接受了這個禮物，他熱情洋溢地讚揚了它，並借葡萄釀造出了珍貴之物——酒。在義大利畫家卡拉瓦喬的《酒神巴克斯》中，年輕的酒神頭戴葡萄藤編織的花冠，端起酒杯，似在邀請觀者一同品嘗。這幅畫的模特兒傳說中是卡拉瓦喬的同性戀人，和酒神與安普洛斯的傳說形成了有趣的巧合。

甜美、慵懶、墮落、享樂

酒神端起了葡萄美酒

豐富的水果

《酒神巴克斯》卡拉瓦喬，約1596年

（左圖）《酒神與雅瑞安妮》德拉克洛瓦1856—1863年
（右圖）《酒神與雅瑞安妮》提香1520—1522年
●在這幅畫中，酒神從車上縱身一躍，似乎想要抓住美麗的少女，而雅瑞安妮則有些驚慌，急轉身體想要迴避酒神。天空中的星星，是酒神贈予愛人的冠冕。

B.美少女雅瑞安妮

　　戴奧尼索斯並不是一位只愛同性的神，在翟修斯斬殺克里特島怪物米諾陶諾斯的故事中，克里特公主雅瑞安妮成了戴奧尼索斯的妻子。但在最初，雅瑞安妮並不傾心於他。

　　在波賽頓一節中，我們曾介紹了克里特島上的故事：因為克里特國王米諾斯得罪了海神，海神懲罰米諾斯的王后愛上一頭牛，並生下半人半牛的怪物——米諾陶諾斯。國王為了掩蓋醜事和安置怪物，特地建造了迷宮。

　　當時，米諾斯的兒子被雅典王愛琴斯所殺。為了報復雅典人，米諾斯要求雅典每隔九年進獻七對少男少女，做為米諾陶諾斯的食物。米諾陶諾斯居住的這座迷宮錯綜複雜，只要進入就休想逃出來。雅典王愛琴斯的私生子翟修斯認祖歸宗後，為了替民除害並鞏固勢力，主動要求成為貢品。

　　翟修斯到了克里特島，被帶到國王米諾斯面前時，深得國王嫵媚動人的女兒雅瑞安妮的青睞。雅瑞安妮不希望這位英俊青年死於非命，偷偷地向他吐露了愛慕之意，並給了他一個線團，教他把線團的一端拴在迷宮的入口，然後跟著滾動的線團一直往前走，直到米諾陶諾斯的住處。

　　翟修斯一舉殺死了米諾陶諾斯，順著線團走出了迷宮。害怕父親責罰的雅瑞安妮跟著他一起坐船逃出。當他們來到迪亞島補給淡水時，翟修斯夢見了戴奧尼索斯。這位酒神聲稱雅瑞安妮跟他早就訂了婚，並威脅翟修斯，如果不把雅瑞安妮留下來，就降下災難。翟修斯只得將悲哀的公主留在荒涼的孤島上，自己乘船回去。這天夜裡，戴奧尼索斯現身迪亞島，把雅瑞安妮帶到德里沃斯山成婚。雅瑞安妮死後，戴奧尼索斯把他送給雅瑞安妮的新婚禮物──鑲嵌著七顆寶石的冠冕升入夜空，化為北天星座北冕座的群星。

《雅瑞安妮》沃特豪斯1898年

你不知道的十二星座

希臘神話中涉及到諸多星座的故事，其中十二星座最為人熟知。大約在西元前5世紀末，巴比倫的天文學家將黃道分為12個相等的「符號」，每個符號相當於每月的30天，從而創造了第一個已知的天體坐標系。這種對黃道-赤道附近的夜空環天一周的星群進行劃分的方式，起源於西元前1千年的新巴比倫，不過與那時相比，由於地球自轉方向的改變，一年中，太陽所經過的星座位置也發生了變化。

實際上，太陽至少經過13個星座，而不是12個巴比倫星座。為了與一年的月數一致，這個系統的設計者省略了今日蛇夫座主要星群。古典占星術中仍然是以十二星座來計算的，也就是我們所熟悉的白羊座、金牛座、雙子座、巨蟹座、獅子座、處女座、天秤座、天蠍座、射手座、摩羯座、水瓶座、雙魚座。十二星座背後隱藏著諸多神話傳說。

白羊座 Aries

在古代，白羊座曾被視作一年中的第一個星座，這是因為2千多年前，太陽在白羊座從南到北穿過天球赤道。在古埃及占星術中，因為太陽進入白羊座的時間在春分前後，所以白羊座常與太陽神阿蒙-拉聯繫在一起，被稱為「重生太陽的象徵」，而阿蒙-拉被描繪成一個長著公羊頭的男人，代表著豐產與創造。在希臘神話中，白羊座的由來與金羊毛有關。普羅米修士的後裔，國王阿塔瑪斯（Athamas）娶了雲彩仙女聶斐烈（Nephele）為第一任妻子。他們生有一對兒女，男孩弗瑞科索斯（Phrixus）和女孩赫蕾（Helle）。但後來阿塔瑪斯愛上並娶了卡德摩斯的女兒伊諾。聶斐烈發怒而去，波提亞遍地隨之乾旱了。

伊諾嫉妒她的繼子女，密謀殺害他們。神話稱，她勸說阿塔瑪斯用兒子做犧牲便能結束乾旱。危急之下，聶斐烈向孩子們派來了一隻長有翅膀的金毛羊，讓他們乘坐金毛羊逃走。孩子們乘坐金毛羊從海上逃了出來，但途中赫蕾昏了過去，從羊背上摔下，淹死在歐洲和亞洲之間的海峽，人們用她的名字命名這個海峽為赫蕾斯彭海峽（Hellespont），也就是今天土耳其的達達尼爾海峽（Dardanelles）。而弗瑞科索斯一路逃到科爾基斯，在那裡將公羊獻給了宙斯，宙斯把它送上星空，成為白羊座。科爾基斯國王，太陽神赫利歐斯的兒子伊帖斯收留了弗瑞科索斯，還將女兒卡爾契俄珀（Chalciope）嫁給了他。為了表示謝意，弗瑞科索斯將獻祭剝下的金羊毛送給了國王。伊帖斯把金羊毛掛在阿瑞斯聖林中的一棵樹上，由一頭晝夜不眠的巨龍看守，直到後來傑森與「阿果號」眾英雄來到科爾基斯，在美蒂亞的幫助下奪取了金羊毛。

金牛座和公牛的關聯非常久遠，甚至可以追溯到石器時代。古代巴比倫人把它視作十二宮中的第一個星座，稱之為「天牛」，因為在大約西元前4000年到1700年間，它代表著銅器時代和青銅時代早期的春分點，之後春分點變為鄰近的白羊座。

在史詩《鳩格米西》中，女神伊南娜／伊絲塔派天上的公牛殺死鳩格米西，因為後者拒絕了她的求愛。但鳩格米西的朋友恩奇杜殺死了公牛，撕下神牛的軀幹拋向天空，變成了大熊星座和小熊星座。

在希臘神話中，宙斯看上了人間美女歐羅芭，於是他化作一頭公牛，把她劫持到克里特島為所欲為。宙斯還送給歐羅芭一條由工匠之神赫費斯托斯打造的精美項鍊和另三件精美禮物。

金牛座
Taurus

據說阿芙羅黛蒂和艾若斯都出現在歐羅芭身邊說服她接受自己的命運，歐羅芭只得屈服，與宙斯生下米諾斯（Minos）、瑞達曼托斯（Rhadamanthus）和薩耳珀冬（Sarpedon）。為了表彰公牛誘美之功，宙斯把它升上夜空成為金牛座。

在古代巴比倫天文學中，雙子座α星北河二和β星北河三被稱作「雙子神」，分別代表梅斯朗泰阿（Meshlamtaea，意為冥界中的崛起者）和盧伽利拉（Lugalirra，意為強大國王），這兩個名字也是巴比倫冥王納戈爾（Negal）的稱號。

在希臘神話中，雙子座與神聖雙子卡斯托（Castor）和波魯克斯（Pollux）的有關。宙斯化身天鵝與斯達達王廷達瑞俄斯之妻麗妲（leda）幽會，之後麗妲生下兩對雙胞胎，一對是宙斯的後代——波魯克斯與美貌絕倫引發特洛伊之戰的海倫；一對是廷達瑞俄斯的孩子——卡斯托和特洛伊戰爭中希臘聯軍首領阿格門儂之妻克萊婷。

在卡斯托死後，波魯克斯請求父親宙斯讓他與卡斯托一起永生。宙斯同意了他的請求，後來他們成為冥界的引路神，負責把靈魂帶往冥界。在約旦玫瑰古城佩特拉的喀茲涅神廟基座上能看到他們兩位雕像的痕跡。

雙子座 Gemini

在古代，巨蟹座星域是太陽在天空能達到的最北位置，代表著夏至的來臨——儘管現在由於歲差的關係已變為金牛座，此時太陽抵達北緯23.5°並折返，因此北回歸線也被稱作巨蟹座回歸線（Tropic of Cancer）。

希臘神話中，在大力神海克力斯與九頭蛇海濁殊死搏鬥時，嫉恨他的神后赫拉派出一隻大螃蟹卡基諾斯（Karkinos）去干擾海克力斯，企圖使他在戰鬥中處於不利地位。但海克力斯迅速地用腳踩死了螃蟹並把它踢到了空中。也有人說卡基諾斯用蟹鉗夾住海克力斯的腳趾，但海克力斯用腳踩碎了螃蟹。為了感謝卡基諾斯的犧牲，赫拉讓它在天空中有了一席之地，成為了巨蟹座。

巨蟹座 Cancer

獅子座是已知最早的星座之一。早在西元前4千年前，美索不達米亞人就有一個類似名稱的星座，有些神話學者認為，它代表被鳩格米西殺死的森林守護者——怪獸胡瓦瓦（Huwawa）。古代波斯人稱它為Leo Ser 或Shi，土耳其人稱它為Artan，敘利亞人稱它為Aryo，猶太人稱它為Arye，印度人稱它為Simha，總之意思都是指「獅子」。

在夏季夜空接近黃道帶的位置，能看到獅子座中的著名亮星軒轅十四（Regulus），它位於獅子座的心臟部位。在中國古代天文學中，軒轅十四屬於南宮朱雀的星宿，位於五帝座之旁，多借指皇后。但在希臘語及阿拉伯語中，這顆星的名字意為王者之心。

在希臘神話中，獅子座是由被大力神海克力斯殺死的涅墨亞獅（Nemean Lion）所變，這是大力神完成的十二項功績中的第一項。這頭獅子出沒於涅墨亞城附近的鄉村森林，毀壞林木，傷害村民，肆虐鄉里，人們紛紛離家逃走。海克力斯找到獅子後，向它連發三箭，但發現獅子的皮毛刀槍不入，十分難對付。當獅子迎面向他撲過來時，他舉起手中棒子，往獅頭上打去，獅子應聲倒下。海克力斯把獅子勒死後試圖用帶來的比首剝皮，但無論他怎麼磨刀都失敗了，最後還是雅典娜出手指點，讓海克力斯用獅爪當工具剝皮。為了紀念兒子單槍匹馬殺死一頭獅子的壯舉，宙斯將獅子升上夜空，成為獅子座。

獅子座 Leo

從很久遠的年代起，人們就把處女座與穀物女神聯繫在一起。在蘇美，這個星座的一部分被稱作「犁溝」，代表女神夏菈（Shala）與她的穀穗。夏菈是蘇美的穀物與慈悲女神。穀物和慈悲的象徵結合在一起，反映了農業對蘇美人的重要性，他們認為豐收是神靈慈悲的賜予。有神話學家認為，夏菈是美索不達米亞與迦南的豐產之神大衰，或是掌管春天暴風雨的神巴力·哈達德的妻子。

早期希臘天文學將處女座與黛美特連結在一起。後來的希臘神話中，女神波瑟芬妮也被認為與處女座有關，她是宙斯和黛美特的女兒，後被冥王黑帝斯劫持。黛美特在人間四處苦苦尋找女兒，大地因而荒蕪。最後經過宙斯調停，波瑟芬妮一年中有三分之二的時間返回人間，剩餘的時間則住在冥界。羅馬人則把它與女神柯瑞絲（Ceres）聯繫在一起，後者是黛美特的羅馬對等神。在中世紀，人們有時把處女座與聖母瑪利亞連結在一起。

處女座 Virgo

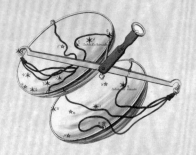

每年太陽在天秤座星域的時間約為9月23日到10月23日。天秤座成為一個獨立黃道星座的時間比較晚。古代巴比倫觀星者們稱它為天平或蠍螯，蠍螯被認為是巴比倫太陽神沙瑪什的聖物。由於沙瑪什也是真理和正義的守護神，所以自那時起，天平就與法律、公平和文明聯繫在一起。也有人認為，這是因為在古代，太陽進入天秤座星域時正值秋分，晝夜相等的緣故，雖然由於歲差，早在西元730年秋分點已不再與天秤座重合了。

埃及觀星者也提到天秤座的三顆亮星，但直到古羅馬時期，天秤座才終於成為一個獨立星座，開始代表正義女神所持的天平。

天秤座 *Libra*

許多世紀以來，天蠍座一直吸引著人們，因為它不僅形狀獨特，也是夜空中最亮的星座之一。Scorpius 這個名字來源於拉丁語的scorpion，字面意思是「長著燃燒毒刺的生物」。

在希臘神話中，天蠍座的神話大多與獵戶座有關。一則神話提到，獵人俄里翁向阿特蜜斯和她的母親麗朵誇口說，他是最出色的獵手，要殺光地球上所有的動物。雖然阿特蜜斯也是一位出色的獵手，但她也是保護野生動物、森林山丘與神聖樹枝的女神。為了懲罰俄里翁的傲慢，阿特蜜斯和母親派出一隻毒蠍攻擊並殺死了俄里翁。這場鬥爭引起了宙斯的注意，後來宙斯把蠍子提到了天上，並在阿特蜜斯的要求下，把俄里翁也升上夜空，成了獵戶座，提醒世人要克制驕傲。

另一則神話稱，俄里翁是比阿特蜜斯更出色的獵手，因此阿特蜜斯愛上了他。這引來她的兄弟阿波羅的嫉妒，阿波羅派了一隻蠍子去攻擊俄里翁。俄里翁死後，悲痛的阿特蜜斯立下了獨身誓言，還請求宙斯把俄里翁升為獵戶座。每年冬天，獵戶座都會在夜空中狩獵，但當夏季蠍子也爬上星空時，俄里翁便會退下天幕，避開蠍子的毒刺。

不過並不是所有國度都把天蠍座看作蠍子，如印尼的爪哇人把它稱作「Banyakangrem」，意味「沈思的天鵝」，或「Kalapa Doyong」，意為「傾斜的椰子樹」。在夏威夷，它被視作半神毛伊的魚鉤。在古代中國，天蠍座是東方青龍的一部分。天蠍座最亮的星辰是位於青龍心臟的心宿二，中國古代天文學中著名的不祥之兆「熒惑守心」便與之有關。火星發出的淡紅火光及與地球的相對運動，使它的運動方向看起來會產生變化，令人迷惑，所以古人稱其為「熒惑」。火星的逆行有時會令它在同樣是紅色之星的心宿二（Antares）附近徘徊，這種天象稱作熒惑守心，在古時被視為大凶之兆。

天蠍座 *Scorpio*

早在巴比倫時期，射手座已出現在星盤上，當時的人們把它視作冥神納戈爾，在星圖中他的形象是一種半人半馬的怪物，有翼雙頭，一頭為人首，一頭是豹頭，本來長馬尾的地方長有蠍尾，正拉弓射箭瞄準目標。

在希臘神話中，射手座與人馬（Centaur）有關。實際上，星空中有兩個和人馬有關的星座：射手座和半人馬座（Centaurus），這使得人們有時會把兩個星座的射手搞混。一些人認為射手座是人馬紀戎所變，他是二代神王克羅納斯（Cronus）化身為牧馬與海洋女神菲呂拉（Philyra）所生，因此他與凡人國王伊克西翁和雲彩仙女聶斐烈所生的那群粗野夥伴不同，他是人馬族中最高貴、最有智慧的一位。在希臘神話中，阿波羅向紀戎傳授了醫藥、音律、射箭狩獵與預言的智慧，而後紀戎又向傑森、海克力斯、阿伊尼斯、阿基里斯、翟修斯等眾多人類英雄傳授了各種技藝。有些神話稱，出於對盜火者普羅米修斯的尊敬，他與宙斯達成協議，用他的不朽代替普羅米修斯，同父異母的兄弟宙斯很可憐他，就把他放在天上的群星之中成了射手座或半人馬座。

射手座 *Sagittarius*

另一些神話稱，射手座是薩提爾克洛托斯（Satyr Crotus）的化身。克洛托斯是潘恩與繆思的保姆讚美女神歐斐墨（Eupheme）所生，與繆思們一起住在赫利孔山上。克洛托斯經常騎馬去打獵，也經常幫繆思幹活。為了感謝他的勤奮，繆思們請求宙斯把克洛托斯升上星空。為了展現他的射箭才能，宙斯應繆思要求為克洛托斯增加了一副弓箭，箭頭指向「天蠍座的心臟」心宿二，以便隨時阻止天蠍攻擊附近的武仙座海克力斯，或是在天蠍試圖殺死俄里翁時發起復仇一擊。

摩羯座是最古老的星座之一，自青銅時代以來便被描繪成山羊和魚的混合體，這一點可在出土的西元前21世紀巴倫滾筒印章中得到證實。在西元前1千年的巴比倫，人們把這個星群稱作山羊-魚，視它為智慧水神埃阿（Ea）的象徵。印度神話中恆河女神的坐騎摩羯羅（Makara）也與摩羯座有很深的淵源。

在希臘神話中，摩羯座有幾個不同的神話。有些人說它來自宙斯的乳母——山羊女神阿瑪緹雅（Amalthea）。瑞亞（Rhea）將宙斯從吞噬子女的克羅納斯手中救出後將他隱藏起來，祕密託付給阿瑪緹雅撫養。阿瑪緹雅用山羊奶養大了宙斯，為了感謝她的養育之恩，宙斯把她變成了星座，後來折斷的山羊角變成了豐饒的角。

摩羯座 *Capricornus*

另一些希臘神話裡，摩羯座起源於海羊神普里庫斯（Pricus），他擁有操縱時間的能力，是半羊半魚的海羊的祖先。海羊非常聰明，善於思考，但當他們踏足陸地，便喪失思考和說話的能力，變成普通山羊。由於陸地的吸引力實在無法抗拒，海羊們不斷踏足，普里庫斯一次又一次地逆轉時間試圖挽回局面，然而，在明白自己無法控制小海羊們的命運，又不想成為唯一一隻海羊時，普里庫斯請求克羅納斯賜死。但由於他是不死的，於是他變成了摩羯座在夜空閃耀，直到時間的盡頭。

後來摩羯座則被認為是潘恩所變。有一回眾神聚會時，怪獸泰風突然殺到，畏懼他威力的眾神四處逃散。潘恩也試圖變成一條魚跳進河裡逃走，但由於恐慌，他忘了變上半身，結果就搞成了半羊半魚的可笑形象。脫離危險後的眾神看到這一幕哈哈大笑，宙斯還把它拎上天空向大家展示。

在古代，摩羯座星域是太陽在天空能達到的最南位置，代表著冬至的來臨——儘管冬至點自西元前130年後便由於歲差的關係變為射手座，此時太陽抵達南緯23.5°並折返，因此南回歸線也被稱作摩羯座回歸線（Tropic of Capricorn）。

- -

水瓶座 *Aquarius*

在希臘神話中，水瓶座常被認為與美少年甘米德有關。宙斯某天外出時捉走了俊美的特洛伊王子甘米德，讓他在奧林帕斯山當侍酒童子。宙斯對他十分寵愛，還把他的形象放上天空，成了水瓶座。

這個神話還有情節更曲折八卦的版本，甘米德先是被愛慕其美色的黎明女神厄俄斯（Eos）綁架，之後才被宙斯從厄俄斯身邊偷運到奧林帕斯山上當酒童。不過還有一個不那麼八卦的版本稱那個人並不是什麼美少年，而是曾被宙斯傳喚上天，給雅典娜與波賽頓爭奪雅典統治權比賽當評委的雅典國王柯可若普斯一世（Cecrops I），他向眾神獻祭的也不是酒，而是水。

不過水瓶座的歷史遠比上述神話產生的年代更久遠。在巴比倫星圖中，這個星群被視作手持滿溢水壺的智慧水神埃阿（Ea），對應冬至前後45天，在古埃及，人們認為水瓶座與尼羅河每年春季的洪水有關，每當水瓶座的瓶子浸到河裡時，尼羅河便會開始週期性的氾濫。

- -

根據留存至今的古代巴比倫天文學文獻記載，構成今日雙魚座的部分星群在古代巴比倫被稱為「大燕」與「魚繩」，另一部分（主要是雙魚中的北魚）則被稱作女天神，即女神伊絲塔（Ishtar）。

在希臘神話中，雙魚座的由來與阿芙羅黛蒂和愛神艾若斯有關。同樣是因為泰風突然闖入眾神聚會，母子倆變成魚跳入水中，但為了避免失散，他們用繩子把尾巴捆在一起。羅馬人沿襲了這個傳說，把主人翁換成了對應的羅馬神維納斯和丘比特。

雙魚座 *Pisces*

Leo
7.23-8.22

Cancer
6.22-7.22

Aquarius
1.20-2.18

Gemini
5.21-6.21

Capricornus
12.22-1.19

Virgo
8.23-9.22

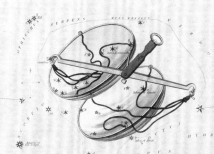

Libra
9.23-10.23

Taurus
4.20-5.20

Sagittarius
11.23-12.21

Aries
3.21-4.20

Scorpio
10.24-11.22

Pisces
2.19-3.20

龐貝古城廢墟遺跡壁畫，作者不詳，西元前60—前50年

❹ 酒神的祕密儀式

　　在「酒神的身世」一節中，我們數次提到戴奧尼索斯的復活，許多地方的信徒都會紀念他從地獄返還人間。在龐貝廢墟的殿堂壁畫裡，有一組描繪了從希臘傳入羅馬的酒神祕密儀式。壁畫上不但有酒神和他的妻子，還有他的隨從半人半羊的薩提爾等，更多的是前來參加儀式的眾男女。

　　第一幅畫上，一個身穿厚重衣服的女人是新加入祕儀者，她正緩步走來。接著，是一位母親帶著年幼的孩子前來參加儀式。她們都顯得茫然不知所措，眼睛裡似乎充滿了恐懼。再來是一個手捧供品的少女，她的表情很莊重、嚴肅。接下來的這幅，一個少女被拉起了衣服的一角，露出恐懼的表情；一位穿著華麗、身體背對觀者的婦女，似乎正在準備儀式前的清洗工作，而她的另一邊，一位黑衣少女正在為她淨手，這位婦人雖然背對觀眾，但是衣著華麗，應該是儀式中的重要人物。再向前推進，畫面中出現了演奏的場景，還有一位男子坐著，給一隻山羊餵食，他旁邊的女子正揚手

披上一件外袍，應該是象徵了祭祀中的某個角色。而最後一幅畫面上，一個女子正俯臥在另一人膝上哭泣，也許是因為她沒有通過酒神的重重考驗。

在戴奧尼索斯教義中，戴奧尼索斯被視為世界的最高統治者，因為他在宙斯的王座上佔有一席之地。他反對泰坦們的戰鬥，他的死亡及復活，都被視為一種象徵。其實，這正是人的生命在自然與精神世界中歷險的象徵，因此，人們接受並渴望從事大自然守護神崇拜的慶典活動。戴奧尼索斯的慶祝儀式含有狂喜與神祕的成分。透過陷入一種陶醉的感覺，崇拜者可以使其靈魂得到淨化，他們的生命得以洗去塵垢。戴奧尼索斯是生命永恆根源的象徵，其永恆的生命源自他的父親宙斯，而由於他再生復活，他成了生命與死亡結合的象徵。

VI 穿梭三界的神使——荷米斯

Hermes

希臘神名／荷米斯

羅馬神名／墨丘利

父母／宙斯（父親）、邁亞（母親）

子女／荷米芙羅黛蒂圖斯

主司／旅行、商業、雄辯、偷盜

象徵物／雙蛇手杖、有翼盔帽、
飛行芒鞋、公雞、蛇、龜

❶ 宙斯的私生子

　　這是一位非常受後世神祕學學者及煉金術士們尊崇的男神，他的神性中疊加了埃及的托特、希臘的荷米斯與羅馬的墨丘利的特質，被稱為「三重偉大的荷米斯」。

　　希臘神話稱，荷米斯是宙斯最聰明（狡猾）的一個兒子，他的母親瑪依亞（Maia）是泰坦巨神阿特拉斯（Atlas）與住在希臘阿卡迪亞的大洋女神普蕾厄涅（Pleione）所生的七星姊妹（Pleiades）之一。宙斯為了引誘瑪依亞，裝扮成一個黑暗的岩洞，用暗夜的幕布隱藏自己，與她生下了這個孩子。

　　荷米斯生來就是個阿諛奉承的騙子、一個盜賊、一個無賴，「與那些貼著門埋蹲在街道邊的人一樣」。《荷馬史詩》稱荷米斯為「變化多端、圓滑機靈的盜賊，他

帶給人夢境，是夜裡
的守望者，門外的小
偷，在長生不老的眾
神裡最先展示善意的
人」。

《迷失的星星》威廉·布格
羅1884年
●畫面所繪的是七星姊妹中
最小的一位──海洛佩。

《七星姊妹》以利胡·維德（Elihu Vedder）1885年

❷ 雙蛇杖

　　荷米斯的「職業生涯」開始於偷他哥哥阿波羅的牲口。一則希臘神話提到，瑪依亞生下荷米斯，用毯子把他包好後便沉沉睡去。荷米斯悄悄溜出山洞，偷走了阿波羅的牛，還給它們套上樹皮做的鞋，以免阿波羅根據腳印找到牛群。之後，荷米斯思忖著跟阿波羅作對實在是不利於他的職業前途，於是主動向太陽神求和。狡猾的荷米斯深知阿波羅酷愛音樂，便向他獻出了自己的新發明——里拉琴（古七弦豎琴）。

　　一首獻給荷米斯的荷馬式頌歌裡稱，阿波羅回贈了荷米斯一根雙蛇杖，做為兩人和解的象徵，這也成了荷米斯最知名的標誌。這個神話將荷米斯與阿波羅聯繫在一起。後來阿波羅給了他的兒子醫藥之神艾斯庫拉皮斯（Asclepius / Aesculapius）

《荷米斯偷取阿波羅的牛群》克勞德‧洛蘭1645年

一根單蛇杖。不過，關於雙蛇杖的由來，古希臘學者們給出了不同的說法。除了阿波羅贈予說外，也有學者稱，荷米斯在希臘的阿卡迪亞漫遊時，看到兩條蛇正在激烈纏鬥，於是將手杖擱在兩條蛇之間，使它們停了下來。雙蛇杖由此生成，並成為和平的象徵。這些說法無一不使雙蛇杖染上了更多神話色彩。

而依據已有的考古資料，現代學者們普遍認為，雙蛇杖的最早源頭可能是兩河流域的蘇美神祇寧吉什茲達。羅浮宮收藏的拉格什國王古地亞（2200B.C.——2025B.C.）的罐子上，刻著「獻給寧吉什茲達，拉格什的恩西古地亞的神，保佑他壽命延長」的字樣。寧吉什茲達的名字在蘇美語中的含義，可翻譯為「好樹之主」（a lord of good tree）或「讓樹苗茁壯成長的主」（lord who makes the trees grow right）。在尼普爾和尼尼微出土的泥板和器皿上，寧吉什茲達有時被描繪成如女媧伏羲一樣的人首蛇身，而更多的時候則被認為是一個雙肩分別纏繞兩條長角的蛇的男性，這也是蛇夫星座的最早原型。考古學家還發現，在獻給寧吉什茲達的皂石器皿上，首次出現了雙蛇纏杖的圖案，或許是因為寧吉什茲達也有樹王之稱，而樹的樣子又頗似一根長杖，因此蘇美的工匠們為了簡便行事，便在器具上以雙蛇纏杖的圖案來代表寧吉什茲達。這是世界上最早的雙蛇纏杖圖案，要比荷米斯、羅馬的艾斯庫拉皮斯，以及《聖經》中摩西的手杖早一千多年。

到了今天，中國海關關徽由荷米斯的雙蛇杖和金色鑰匙組成，反映了海關溝通商業貿易、把守通關大門的主要職能。

《苦河阿柯容的渡靈人》
阿道夫·西雷米·希斯徹（Adolf Hirémy-Hirschl）1898年

●歌德在《被放逐的眾神》裡談到，基督教興起後，古代的異教之神失去了信徒，不得不自謀生路，
於是荷米斯就幹起了引魂人的老本行。畫面中身穿黑色長袍、頭戴有翅膀的盔帽、手持雙蛇杖的便是
荷米斯，他的身邊聚集著一群亡魂。

❸ 多重神職

A.主職——眾神的信使

　　手持雙蛇杖的荷米斯當上眾神的信使後，首次送信的地方就是黑帝斯主宰的冥界，並以這種方式扮演起了引魂人（Psychopomp）的角色。荷米斯可以遊蕩於天界、人界與冥界之間，也是唯一一個沒有固定「根據地」的神明。他的領地是邊緣地帶、道路上、通道裡，還有那些用來埋葬自殺者或實施絞刑的地方。荷米斯經常幫助人類，但偶爾也會令他們迷失於黑夜之中。也正是他將波瑟芬妮從冥府帶回人間，交給在大地上焦急等待的穀物女神黛美特。

　　在希臘神話中，荷米斯還不停地為宙斯的風流韻事善後。在宙斯與愛奧的故事中，美貌絕倫的愛奧不幸被宙斯盯上。雖然不情願，但是天神的意願不可違背，愛奧只好妥協。誰知，兩人剛雲雨完畢就趕上赫拉巡房，懼內的宙斯趕緊把愛奧變成母牛獻給赫拉。赫拉早已得知宙斯的一舉一動，故作不知地收下母牛，轉頭就把它交給百眼巨人看管，使愛奧大吃苦頭。後來荷米斯用笛子把百眼巨人催眠後殺死，才終於使愛奧脫困。

B.界石之神

　　荷米斯的神職不僅僅如此。許多學者認為，「荷米斯（Hermes）」一詞來自於古希臘語中的「方形石柱」（Herma），對他的崇拜也是基於希臘人對聖石的崇拜。也有學者認為，最初荷米斯與潘恩（Pan）是同一個神，即古代印歐神系中的界石之神，其後人們將荷米斯從潘恩概念中抽離出來，以「方形石柱」做為他的名字，並賦予了他信使、旅人與界域之神的職責，而潘恩則保留了原來的名字及神性中較為粗野的成分，繼續活躍在與世隔絕的阿卡迪亞山野中。之後，當有關潘恩的信仰傳入阿堤卡時，他被說成是荷米斯的兒子。

《朱諾發現朱比特和愛奧》皮爾特‧拉斯特曼（Pieter Lastman）1618年

●畫面中間的是已被變成牧牛的愛奧，左側的女子的動作顯示她剛剛抵達現場，身邊的孔雀顯示她神后的身份，雖然孔雀漂亮的尾羽要等到百眼巨人被荷米斯殺掉才長出來。

赫拉的象徵物孔雀　　　　　天后赫拉　　　　　變成母牛的愛奧

荷米斯是度量衡的發明者和保護者，也是偽證者和盜賊的保護神，還是機運、貿易、狡猾與獲利之神。如果人們在街上撿到了有價值的東西或飛來了橫財，都要感謝荷米斯。又因為傳令者需要口齒靈活，荷米斯又兼任了辯才之神，是神間的翻譯者。羅馬人稱他為墨丘利（Mercury），也是水星與水銀的名字。

《春》局部，波提切利1481—1482年
●畫面左側為墨丘利，即羅馬人對荷米斯的稱呼，其形象為勻稱健美的青年，他右手持著雙蛇杖，正在驅走烏雲，預示著春天的到來。

有翼盔帽

飛行芒鞋

雙蛇手杖

❹ 視覺形象

作為倒數第二位加入奧林帕斯山十二主神的男神（最後一個是酒神戴奧尼索斯），荷米斯在古希臘許多城邦都擁有神廟，其中大多與阿芙羅黛蒂神廟相鄰。神廟中的許願瓶上，荷米斯的形象大多是青少年。實際上，荷米斯在古希臘藝術文化發展的不同時期，形象是不同的，這正是源於他身兼多職的特殊性。最初他常被描繪為旅人、信使或祭司裝束的中年落腮鬍男子，直到西元前4世紀，古希臘雕塑家普拉克希特利斯（Praxiteles）為他雕刻出優雅的裸像，他才逐漸變成矯健靈活的青少年形象。

這便是後來為我們所熟知的荷米斯，因為充足的跑酷運動使他的體態輕盈優美，做為運動員的保護神，他又以體操員的形象出現。這也形成了荷米斯最典型的形象：頭戴有翼盔帽，腳蹬飛行芒鞋，手持雙蛇杖，行動如風的俊美青年，為諸神或凡人送去宙斯的訊息。

⑤ 荷米斯與阿芙羅黛蒂

　　荷米斯有許多情人，其中最著名的是阿芙羅黛蒂（即羅馬神話中的維納斯）。他倆的故事發生在阿芙羅黛蒂最著名的一場偷情事件之後。《奧德賽》裡說：某日，阿瑞斯和阿芙羅黛蒂在赫費斯托斯家裡幽會，被在遠方窺視的赫費斯托斯用羅網逮個正著。接著，赫費斯托斯召集奧林帕斯山上的眾神參觀這齣鬧劇，為他主持公道。於是男神們都趕來看熱鬧了，女神們則都不好意思去。但眾神們並沒有笑話這兩個沒穿衣服的狼狽傢伙，反而偷偷恥笑赫費斯托斯。眾男神紛紛表示，要是給他們機會與愛神同寢，再邀請三倍的神來圍觀他們也不介意。據說，荷米斯正是因為看到困在網中的阿芙羅黛蒂才愛上了她，後來他也成了愛神的入幕之賓，兩人的戀情結晶是荷米芙羅黛蒂圖斯（Hermaphroditus）。奧維德的《變形記》提到，有個寧芙愛慕荷米芙羅黛蒂圖斯的俊美，向宙斯祈求與他永不分離，結果宙斯把兩人合為一體，變成了雙性人荷米芙羅黛蒂（Heramphrodite），這個名字正是他父母名字的結合體。

《維納斯的誕生》局部，亞歷山大・卡巴內爾1863年
●這幅畫面描繪維納斯誕生的場景，是許多畫家筆下常出現的題材。卡巴內爾的這幅作品曾被拿破崙三世收藏，他筆下的維納斯皮膚光滑，頭髮閃亮，慵懶又嬌媚地斜倚在海面，帶給觀者美的享受。

　　但荷米斯與阿芙羅黛蒂的關係並不那麼簡單，有一個版本的神話將他們視作
孿生兄妹，都是烏拉諾斯的孩子，他們在每個月的第四天共同慶祝生日，而艾若斯
（Eros），最初的愛神，愛欲與分歧之「魔」，則是他們的兄弟。這個另類的荷米斯
誕生說，向我們展示了他特徵中的另一個層面，其「孿生靈魂」是豐產的愛神，而她
的孩子則是作為一種「生命的需求」（性）與她緊密相連的。荷米斯則交替其中，甚
至透過分裂與爭鬥保持著兩極的關係，他將原本一體的事物分開，也將原本分離的事
物融合。這也是荷米斯真正的特徵。

Special
番外篇

那些與阿芙羅黛蒂
交往過的男神

❶ 火神赫費斯托斯

❷ 戰神阿瑞斯

❸ 特洛伊王子安紀塞斯

❹ 美少年阿多尼斯

1 赫費斯托斯 Hephaestus

《奧德賽》裡稱，阿芙羅黛蒂被宙斯嫁給了跛足醜陋的赫費斯托斯，以便安撫這位打造了諸多精美家具、武器的工匠之神。這個堪稱神話版美女與野獸的故事讓阿芙羅黛蒂內心備受折磨，從未安心於這場婚姻的她與諸多男神和凡人都有過風流韻事，生下了許多神靈和半神。

2 阿瑞斯 Ares

阿芙羅黛蒂和她的首席情人——戰神阿瑞斯在赫費斯托斯家裡幽會，赫費斯托斯發現後，用一張他親手打造的羅網把他們抓了個正著。

艾若斯 Eros

阿瑞斯與阿芙羅黛蒂之子，是掌管愛情之神。

3 安紀塞斯 Anchises

阿芙羅黛蒂化身凡人與牧羊人安紀塞斯同眠，但安紀塞斯意外地看到愛神的真容。由於與牧羊人有染有損聲譽，阿芙羅黛蒂要求安紀塞斯絕不能洩露兩人的祕密。

埃涅阿斯 Aeneas

安紀塞斯與阿芙羅黛蒂之子，羅馬人尊他為先祖。

4 阿多尼斯 Adonis

由於阿多尼斯長得極其美麗，眾神都來搶奪他，最後他被阿芙羅黛蒂和冥后波瑟芬妮共同佔有。但阿多尼斯較喜歡阿芙羅黛蒂，嫉妒的波瑟芬妮便將兩人的戀情告訴阿瑞斯，於是妒火中燒的阿瑞斯化身成一隻野豬將打獵的阿多尼斯咬死。

《維納斯的誕生》波提切利，約1485年

●波提切利筆下的維納斯端莊聖潔，形體和姿態受到古希臘古羅馬的影響；同時，波提切利又刻意降低了明暗對比，突顯線條
的作用，使整體畫面產生「淺浮雕」式的效果。

《墨丘利和阿古斯》魯本斯1636年

❻ 荷米斯在埃及

　　古希臘與古羅馬人早已注意到荷米斯神性中的複雜之處。古羅馬政治家、學者西塞羅曾列舉過數位被署名「荷米斯」的神：第四號墨丘利（荷米斯）是尼羅河之子，埃及人從不說出他的名字；第五號被阿卡迪亞的菲尼斯人所崇拜，這位據說一直跟著被變成母牛的愛奧來到埃及，之後殺死了看守者阿古斯，由此給埃及人帶來了律法與文字，並被埃及人稱為托特（Thoth）。

　　確實，在西元前332年馬其頓人統治埃及後，希臘人與其後的羅馬人逐漸把埃及神托特與希臘神荷米斯聯繫起來。托特最初是位月神，代表著月相盈虧的循環，常見形象是人身朱鷺頭或狒狒頭。月亮的盈虧影響著古埃及社會生活的方方面面，尤其是節日、耕作與信仰，因此托特在古代占星術與天文學中具有非常重要的地位，並逐漸成為智慧、測量與規則之神。托特也是太陽神拉（Ra）的文書和參事，與妻子真理與秩序女神瑪特（Maat）並肩站在拉神巡遊天空與地下世界的日之舟上。托特同時還是

冥王奧西里斯（Osiris）主持的亡者審判儀式中靈魂品行操守的裁定者，也是眾神間的調解者，能自由出入冥府與人間，為眾神、惡魔與人類調解糾紛，這些職責與能力和古希臘的荷米斯如出一轍。

　　不過托特最強大的地方在於他是魔法之神。埃及諸神都是魔法的使用者。他們必須以某種氣氛為媒介施展魔法，同時魔法也是他們打敗對手的武器，在男性諸神中，最具魔力的就是托特了。托特做為知識和執筆之神而受到尊敬，他經常帶著紙筆等書寫工具。後來埃及人進一步賦予他天文、占星、數學、地理、測繪、醫藥、植物學、神學、字母、閱讀、書寫、雄辯等神職，認為他是人類與神靈擁有的知識的真正撰寫者。

　　由於荷米斯和托特在各自的神話體系中都是書寫、魔法、信使及與身後世界溝通的渡靈之神，希臘人漸漸把托特視作荷米斯的對等神。加上羅馬神話中墨丘利，就是荷米斯‧特瑞斯吉斯圖斯（Hermes Trismegistus），意思是「三重偉大的荷米斯」，即融合了荷米斯、墨丘利與托特的神性。從迄今出土的文獻來看，關於「三重偉大」的說法最早出現在西元前172年埃及的孟斐斯附近。在伊薩納神廟裡，人們發現一段獻給托特的咒語：「偉大的，偉大的，偉大的托特」。托特的聖城科姆恩也改名為赫利奧波里斯（這座城市的遺址中出土了數以萬計獻給托特的朱鷺木乃伊）。

　　傳說，荷米斯‧特瑞斯吉斯圖斯以人形現身埃及的時間遠比摩西早，甚至有一些猶太學者認為亞伯拉罕就是從荷米斯那裡學到魔法的。許多基督教學者把荷米斯‧特瑞斯吉斯圖斯看作一名異教先知，稱是他預測到了基督教的到來。

　　西元前332年，亞歷山大大帝征服埃及以後，他的部下在荷米斯‧特瑞斯吉斯圖斯的墓室裡發現了一塊祖母綠寶石板，上面刻著13句箴言，這就是《翠玉錄》（Emerald Tablet）。這些箴言指導著人性與神性的精神溝通，而中世紀的煉金術師則將《翠玉錄》上的文字當作煉製「賢者之石」（Philosophy's stone）的「工作指南」。這些文字的大意是這樣的：

當我走進洞穴，我看到了一塊翠玉，上面寫著字，那是從荷米斯的雙手間書寫出來的。從那裡我發現了以下這些文字：

1.這是真理，沒有絲毫的虛假，是確鑿之最確鑿的真理。

2.要造出「唯一之物」的奇蹟，須明白，那上界之物與下界相同，而下界之物也與上界無異。

3.那唯一的「造物主」創造了世間萬物，所以萬物皆誕生於這同一之源。

4.太陽是它（唯一之物）的父親，月亮是母親。

5.它在風的子宮裡孕育而成，大地的乳房滋養了它。

6.它是世界上所有奇蹟之父，它有全能的力量。

7.把它撒在泥土裡，它能將泥土與火隔離，也能讓精妙之物從粗陋之物中呈現出來。

8.它能從地面飛到天空，然後，它還能再降落到地面，積聚上界和下界的所有力量。

（另有版本譯作：由地面升上天，再從天國回到地面，聚集上下界萬物的力量。如此，你便贏了整個宇宙的榮光，使自身遠離一切黑暗。）

9.由此你將獲得全世界最卓絕的榮光，所有的陰暗都將從你身邊消散。（另有版本譯作：你運用高超的技藝，慢慢地將土與火分開，把稀散與凝聚隔離。）

10.這是強大力量中的最強者，它能超越所有的精妙之物，也能滲透入所有堅固之體。

（另有版本譯作：與任何力量相比，它是最強大的，因為它能超越一切精微之物，進入一切因體之中。）

11.宇宙就是這樣被創造出來。

12.按照這一過程，從這「唯一之物」中產生了眾多非凡的變化。

13.我之所以被稱為「三重偉大的荷米斯」，是因為我承擔了全宇宙智慧的三重角色，這就是我要說的全部。

　　神祕學者們相信，除了《翠玉錄》，身為智慧神聖之源的荷米斯‧特瑞斯吉斯圖斯還曾寫下成千上萬篇極其古老的手稿。《柏拉圖對話集》中提到，在塞斯的妮特神廟中的密室內暗藏著9千年前的古卷。亞歷山大港的克萊門特稱，埃及人保存著荷米

斯·特瑞斯吉斯圖斯所撰寫的42章神聖文集《托特之書》，它是記錄咒語與祭司就職儀式的文獻，傳說讀懂這本書的人，可以掌握控制海洋、空氣和星體的力量。

　　希臘人尤其著迷於《托特之書》，這些晦澀難懂的文字被保存在亞歷山大港的神廟中，內容都是關於宇宙與生命的奧祕。留存至今的殘頁是希臘、羅馬學者在托勒密與羅馬統治時期做為煉金術資料而重寫的，所以裡面在埃及神話之上又疊加了希臘、羅馬神話的內容，此外還有煉金術和占星術，以及魔法咒語，包括囚禁惡魔、活化物體或是占卜預言。其中以希臘醫神艾斯庫拉皮斯命名的章節中，列舉了一系列如何利用各類植物、寶石與氣味召喚，並將天使或惡魔的靈魂束縛在雕像中，使雕像能說話或輔助預言術的咒語。另一些章節則記錄著如何構築與活化這樣的雕像，使之呈現中空狀並在其中填入銘刻在金葉子上的魔法名字。人們堅信這本書中的內容歷史久遠，甚至認為埃及的智慧正是透過它相傳至今。這些內容深刻地吸引了不同時代、不同文化背景下的神祕學者與煉金術士，至今仍有不少追隨者。

　　心理學家榮格對荷米斯的這個形象十分著迷，著迷於他那時而光明，時而黑暗的特性，尤其是著迷煉金術中的墨丘利。對他來說，這個形象代表著無意識中最神祕的時刻，有時是個毀滅者，有時是個大騙子，有時令人感到恐懼，但永遠那麼模棱兩可，永遠那麼豐富多彩。

VII 來自山谷的美少年——阿多尼斯

Adonis

希臘神名／阿多尼斯

羅馬神名／阿多尼斯

父母／辛尼拉斯（父親）、密拉（母親）

主司／植物

象徵物／秋牡丹

❶ 阿富卡山谷美少年的傳說

　　世界各地的神話都有許多關於英武勇士與端莊女神、美貌少女的故事，不過，只有希臘神話裡才會有像阿多尼斯這樣藍顏薄命的美少年。據說阿多尼斯的美貌甚至引起愛神阿芙羅黛蒂的注意，但他們的戀情十分短暫，阿多尼斯不久就在一次打獵中被野獸咬死，也許是阿芙羅黛蒂好嫉妒的情人──戰神阿瑞斯幹的，他化身野獸製造了這起事故。然而在這些傳說之間還隱藏著許多不為人知的秘密，有些是非常奇異的故事，就讓我們娓娓道來。

　　據說阿多尼斯是從一棵沒藥樹（Myrrh）裡出生的──在遙遠的古代，沒藥既是一種祭神的香料，也是一種春藥。一則神話為阿多尼斯具有王族血統，他的母親是一位叫作密拉（Myrrha）的賽普勒斯公主。某一天，密拉的母親──國王辛尼拉斯（Cinyras）的妻子肯克瑞伊絲（Cenchreis）愚蠢地吹噓自己的女兒比阿芙羅黛蒂還要漂亮，這讓自恃美貌天下無敵的女神大為光火，便詛咒密拉愛上她自己的父親。

密拉試圖克制自己的情欲，但詛咒的力量過於強大，以至她無法忍受，在一個漆黑的夜晚，在保姆的安排下，她進入辛尼拉斯房內。

在發現自己懷孕後，密拉離開了王宮。但此時，辛尼拉斯已發現自己既是密拉未出世的孩子的父親，也是他的外祖父，便追殺了過來。辛尼拉斯在一座山崗上追到密拉，這時阿芙羅黛蒂已經為自己的舉動感到後悔，便急忙把密拉變成一棵沒藥樹。後來，她用一把劍把樹劈成了兩半，嬰兒阿多尼斯便滾了出來。也有傳說稱，十個月之後，一頭野豬用牙啃破樹皮，讓嬰兒從裂縫中誕生，這可算得上最原始的剖腹產了。

《阿多尼斯的誕生與沒藥樹的轉化》路易吉・加爾齊（Luigi Garzi），年代不詳

大埃阿斯
Ajax

芙洛拉
Flora

阿多尼斯
Adonis

《花神的王國》普桑1631年
●花神芙洛拉位於畫面中心，手中拋撒著鮮花，圍繞在她身邊的人象徵著不同的花卉。

《阿多尼斯的誕生》局部，伯納迪諾‧盧伊尼（Bernardino Luini），約1509—1510年

　　神話學者認為，辛尼拉斯和密拉的神話顯示在母系社會曾有過這麼一段時期，當聖王（Sacred King）任期結束卻不願卸任時，為了延長他的統治期，他會與名義上是他女兒的年輕女祭司舉行神婚儀式，表明自己的續任受到了女神認可，而不是讓下一任聖王娶她而奪走他的王國。

❷ 美男子爭奪戰

A.愛情與死亡的交鋒

Love

阿芙羅黛蒂
Aphrodite

VS

Death

波瑟芬妮
Persephone

　　阿多尼斯出生後，阿芙羅黛蒂把他藏在一個箱子裡，交給冥后波瑟芬妮保管。然而，在好奇心的驅使下，波瑟芬妮打開了箱子，發現裡面的阿多尼斯是那麼可愛，便把他抱了出來，在自己的宮殿裡養大。

　　消息傳到了阿芙羅黛蒂的耳中，阿芙羅黛蒂立刻前往冥府要求波瑟芬妮把阿多尼斯還給她。然而此時，波瑟芬妮已經把阿多尼斯當作了自己的情人，便拒絕歸還美少年。阿芙羅黛蒂於是向宙斯求助，宙斯很清楚阿芙羅黛蒂對阿多尼斯也有欲念，便拒絕對這種令人不快的爭執作出裁決，而把這樁神事糾紛交給繆思之中最受人尊敬的卡萊雅碧進行調節，卡萊雅碧判決波瑟芬妮和阿芙羅黛蒂對阿多尼斯享有同等的權利——因為阿芙羅黛蒂安排了他的出生，波瑟芬妮則把他從黑暗中救了出來，但阿多尼斯應當每年有一個短暫的假期，以擺脫這兩位貪得無厭的女神的情欲要求。於是卡萊雅碧把一年平分為三份：一份給波瑟芬妮；一份給阿芙羅黛蒂；一份給阿多尼斯自己。

　　聽完卡萊雅碧的裁決，阿芙羅黛蒂採取了陽奉陰違的手段，她束緊那條讓自己魅

　　力倍增的魔法腰帶，遊說阿多尼斯把他自己休息的那一份時間分給她，還讓他對和波瑟芬妮共度的時光心懷不滿。波瑟芬妮憤憤不平，便向阿芙羅黛蒂的老情人阿瑞斯投訴，說阿芙羅黛蒂現在更喜歡凡人阿多尼斯，完全不顧他倆相好多年的情分。於是嫉妒的阿瑞斯偽裝成一頭野豬沖向正在黎巴嫩一座山谷中狩獵的阿多尼斯，在阿芙羅黛蒂面前將他咬死。

　　阿芙羅黛蒂淚流滿面地去觀見宙斯，懇求宙斯不要讓阿多尼斯長年累月地和波瑟芬妮在地下度過陰鬱的歲月，希望能讓他在夏季返回她身邊當她的伴侶，宙斯爽快地答應了。於是，阿芙羅黛蒂和阿多尼斯生了一個女兒貝洛厄（Beroe），黎巴嫩首都貝魯特（Beirut）的古城貝里托斯（Berytos）便由此得名。據說酒神戴奧尼索斯與波賽頓都愛上了貝洛厄，而她選擇了波賽頓。

　　據說，長大成人後的阿多尼斯初次遇見阿芙羅黛蒂就在黎巴嫩的阿富卡山谷

《維納斯與阿多尼斯》約翰・佐法妮（Johann Zoffany），約1760年

（Apheca Valley），也是在這裡，阿多尼斯被阿瑞斯化身的野獸咬傷，從他傷口流出的鮮血染紅了山谷。不久，地上長出了一種顏色如血的鮮花，風把它吹開後，立即又把它的花瓣吹落，這就是秋牡丹（銀蓮花），也叫風之花。紅玫瑰也來自這個悲慘的故事：阿芙羅黛蒂急忙跑去她受傷的愛人那裡時，踩到一叢白玫瑰，花刺扎傷了她的腳，她神聖的血把白玫瑰染成了永久的紅色——在古希臘，玫瑰一直與阿芙羅黛蒂有著密切的聯繫，在《伊里亞德》中，女神就用「玫瑰不朽的油」保護特洛伊王子赫克特的身體。

（上圖）《阿多尼斯之死》勞倫特·德·拉·海爾1624—1628年
（下圖）《維納斯和丘比特為阿多尼斯之死悲歎》科內利斯·霍因斯坦（Cornelis Holsteyn），約1655年

《維納斯與阿多尼斯》亞伯拉罕・漢森斯（Abraham Janssens），約1620年

B.伊絲塔的情人

阿芙羅黛蒂與阿多尼斯的淒美愛情故事並非希臘原創，它的原產地在兩河流域。巴比倫和敘利亞的閃米特人崇拜阿多尼斯。在那裡，阿多尼斯的真正名字是塔穆茲（Tammuz），「阿多尼斯」是其崇拜者對他的尊稱，源於閃族語阿多恩（Adonai），即「我的主」或「我的統治者」的意思。西元前7世紀，他被引進希臘，在流傳的過程中希臘人誤解了「阿多尼斯」這個稱號，把尊稱變成了他的名字。

在巴比倫神話中，塔穆茲是植物之神，伊絲塔女神的情人。伊絲塔掌管戰爭、愛情和自然繁殖力等，是巴比倫神系中最重要的女神。她與塔穆茲的愛情故事有好多個版本。

　　在早期的蘇美語版本中，伊絲塔被稱作伊南娜（Inanna），她為了奪取地下世界的統治權，冒險去拜訪她的姐姐冥界女王艾莉什克迦（Ereshkigal）。經過地獄的七重門時，她必須依序脫掉身上的衣服，拿下象徵尊貴身份的飾物。最後她一絲不掛、權威盡失地出現在艾莉什克迦面前時，並在冥界判官的嚴酷目光下死去。她的侍女寧舒布林設法請水與智慧之神恩基（Enki）出面幫忙。儘管恩基抱怨說他已受夠了伊南娜愚蠢的胡鬧，他還是出面擺平了這件事。他製造出兩個能進入地下世界而不受懲罰歸來的無性生物，讓他們帶著復活之水和食物潛入冥界救回伊南娜。但就在這三個逃亡者即將踏上安全的土地時，地下世界的七名判官追上了伊南娜。他們堅持地說，如果伊南娜要逃走，必須提供一個替身，代替她留在冥界。為了保證她不食言，他們派出一隊冥界魔鬼隨她來到人間。

　　重返人間後，伊南娜發現她的情人塔穆茲沒有為她的死亡而悲傷，正盛裝出席一個宴會。大為惱火的伊南娜決定讓他來當替身。塔穆茲驚恐萬分，向伊南娜的哥哥太陽神哀求，請求太陽神把他變成蛇，好從魔鬼手中掙脫。太陽神答應了他的要求，但這變形只能維持半年。後來伊南娜對塔穆茲的死似乎也有悔意，設法讓塔穆茲的妹妹吉什亭安娜留在地下世界半年，做為他的替身。

　　在之後的巴比倫神話中，伊絲塔下冥界的動機是追尋死去的愛人塔穆茲。傳說女神從天上下到地獄時，每降下一重天、進一重門，便脫去一層紗巾，漸漸失去她的神性。在這個版本中，伊絲塔的死帶來了可怕的後果。她是主管愛情與豐產的女神，她消失後，人間的一切繁殖生育活動立刻停止了，一切生命都有滅絕的危險。於是，水神埃阿組織了一場救援行動，他創造了一個英俊青年，派他下到冥界取悅艾莉什克迦。這招果然成功，當艾莉什克迦許諾給青年獎賞時，他就要求取回伊絲塔的遺體。艾莉什克迦儘管不情願，卻不得不實現諾言。於是伊絲塔和塔穆茲攜手返回陽間。這個故事的結局是美好的：「願寂靜都將甦醒，共賞這新生的香氣。」

《女神伊絲塔》（摘自《巴比倫與亞述神話》）伊芙琳・保羅（Evelyn Paul）1916年

那些在眾神愛恨情仇中誕生的花

風信子——海亞辛斯

石榴——波瑟芬妮

金穗花——黑帝斯

水仙花——納西瑟斯

烏頭草——海克力斯

桃金孃——阿芙羅黛蒂

After away the light that brings cold cheer
Unto the wall,—one instant and no more
Admitted at my distant palace-door.
Half in the flowers of Enna from this drear
Dire fruit, which, tasted once, must thrall me here.
After those skies from this Tartarean grey,
That chill me: and afar, how far away,
The nights that shall be from the days that were.

Afar from mine own self I seem, and wing
Strange ways in thought, and listen for a sign:
And still some heart unto some soul doth pine,
(Whose sounds mine inner sense is fain to bring,
Continually together murmuring,)—
"Woe's me for thee, unhappy Proserpine!"

《波瑟芬妮》但丁‧加百列‧羅塞蒂1882年
●羅塞蒂是19世紀拉斐爾前派的重要藝術家，
他的作品細節豐富，色彩鮮明。波瑟芬妮身穿長
衫，手拿石榴，出神地凝望著遠方，也許正思念
著陽間的生活。

DANTE GABRIELE ROSSETTI 1882

風信子──海亞辛斯

和秋牡丹阿多尼斯一樣，風信子也是美少年的血所變。阿波羅和西風神澤費魯斯同時愛上了美少年海亞辛斯，但海亞辛斯回報了阿波羅的愛，而沒有理會澤費魯斯。於是，有一次在阿波羅和海亞辛斯比賽投鐵餅時，嫉妒的西風神使阿波羅的鐵餅偏離軌道，砸死了海亞辛斯。為了紀念他，阿波羅使血泊中長出風信子。

石榴──波瑟芬妮

石榴的故事與冥后波瑟芬妮有關。在波瑟芬妮被劫持後，痛失愛女的穀物女神黛美特在哀痛之下，讓大地寸草不生，寸穀不長。大驚之下的宙斯命令冥王吐出他的獵物。冷酷的冥王笑著服從了，但他在用金車把他的王后送回陽間之前，騙她吃了幾粒石榴籽，這就保證她還會回到地下世界。於是宙斯規定波瑟芬妮每年三分之二的時間留在陽間陪伴母親，三分之一的時間和她的丈夫在陰間度過。

金穗花──黑帝斯

在死亡的國度裡，黑帝斯把死者的靈魂安置在長滿金穗花的荒煙蔓草中。淡淡的、灰灰的金穗花所營造出來的陰暗色彩，正適合於陰間的虛無及悲傷感。事實上，在希臘的許多河邊，常常可以看到這種金穗花田。荷馬的《奧德賽》中曾提到，在一處金穗花田中就住著在特洛伊戰爭中被殺的英雄的靈魂。

水仙花──納西瑟斯

一則神話稱，水仙花是美少年納西瑟斯死後所變。納西瑟斯是河神刻菲索斯（Cephisus）和寧芙莉呂歐佩（Liriope）的兒子。他的美貌迷倒了所有寧芙，但他傲慢地拒絕了她們的求愛。復仇女神聽到了那些被拒絕的寧芙的怨念，懲罰納西瑟斯愛上了自己在水中的倒影，最終憔悴而死。另一則神話稱水仙花和冥后波瑟芬妮有關。大地之神為了討好冥王，使水仙花生長，把年輕的女神引誘到大地的深處，獻給了冥王。

烏頭草──海克力斯

希臘神話稱大英雄海克力斯完成十二件功績，其中一件就是前往地獄找冥王牽走三頭犬。據說他一箭射中冥王黑帝斯的肩膀，痛得他像凡人一樣亂跳起來，然後拖著地獄的看門惡狗柯爾柏若斯回到了陽間。三頭犬一見到陽光，害怕得吐出了毒涎，毒涎滴落到地上，於是長出劇毒的烏頭草。

桃金孃──阿芙羅黛蒂

傳說阿芙羅黛蒂在海水泡沫中誕生，當她在賽普勒斯島登陸時，就是用桃金孃遮蔽身體。希臘人承襲閃族人對大自然的習俗，在阿芙羅黛蒂的信仰中保留了對桃金孃的尊敬。

在古代，桃金孃是最為人熟知的常綠灌木，常被用來裝飾寺廟和神殿，它常綠的樹葉、優美的花朵，以及令人愉悅的芳香，象徵著美麗和年輕。

《阿多尼斯之死》魯本斯，約1614年

③ 阿多尼斯的神職

　　從伊南娜、伊絲塔到阿芙羅黛蒂，三位愛情女神一個比一個溫柔，她們的美少年情人卻一個比一個柔弱易受傷。不過三個神話中有一點是一致的，女神的情人每年只有一半時間在陽世，他在每年秋天都會死去，然後在來年春天復活。或者說得更確切些，他的復活即是春天的到訪，他的死亡代表秋冬的來臨。

　　大地的面貌每年都發生巨大的變化，春去秋來，草木榮枯，這些現象引起了人們的思考：如此巨大奇妙變化的起因，究竟是什麼？人們相信，植物生長和衰朽，生命的誕生與死亡，是強大的力量在作用，於是他們創造了關於死亡和重生的傳說來解釋這一切，並透過巫術和獻祭儀式維持人類與季節的穩定。

《阿多尼斯之死》歐亨尼奧‧阿爾瓦雷斯‧杜蒙（Eugenio Alvarez Dumont），年代不詳

《維納斯與阿多尼斯》保羅‧委羅內塞1580—1582年

　　因為死亡與愛情兩位女神的關係，阿多尼斯成為植物凋零和復甦的象徵，他是一位植物神。在西亞和希臘，每年仲夏都會舉行祭奠他的節慶，主要由婦女號啕大哭，哀悼這位神的死亡。婦女為祭祀阿多尼斯還會種植一種「阿多尼斯園圃」，所謂的「園圃」是指填滿土的籃子或花盆，人們在裡面放上小麥、大麥、萵苣及各種花卉，並照顧八天。植物受了太陽的照射，生長迅速，但它們沒有根，很快就會枯萎下去。八天結束時，人們就把植物及阿多尼斯塑像一起拿出去扔到海裡或溪流裡。據說，這樣做能夠促進植物生長和豐收。

　　神靈死亡或消失的神話，背後還有一個歷史更為悠久的傳說。世界各地都存在這一類普遍的神話，時間回溯到宇宙第一紀創造時期，那時有一位超自然的生命，或神或靈，慘遭殺害，並被肢解，新的生命也隨之誕生。種子從神的身軀中成長起來，長出人類賴以生存的糧食。當地祭祀再現了這一太古傳說，人們用動物代替被殺害的神靈進行祭祀。因而，後人的祭祀儀式反映了太初宇宙祭品這一起源。在季節的輪迴中，生命走向死亡，死亡衍化新生，二者相互糾纏，永恆交織。

VIII 戰神阿瑞斯

Ares

希臘神名／阿瑞斯

羅馬神名／馬爾斯

妻子／恩佑

父母／宙斯（父親）、赫拉（母親）

子女／艾若斯、福波斯、代伊摩斯等

主司／戰爭、破壞

象徵物／戰車、長矛、盾牌

❶ 阿瑞斯的身份

　　古代戰士在上戰場之前，通常都會向諸神祈願，以求得他們的保護。在大多數國度裡，戰士祈禱的對象往往是特定的、會回應其願望的神祇，有些可能是主神，如北歐神話中的奧丁，也有些本身就是戰神，因為戰神的重要職責之一便是保護人類，他們可以透過介入戰士生活，改變戰爭進程，來達成目的。

　　在希臘神話中，宙斯與赫拉之子阿瑞斯（Ares）是掌管戰爭、勇氣與士兵秩序的戰神，是奧林帕斯山十二主神之一。在有關古希臘的藝術品中，阿瑞斯常被描繪成一名長著落腮鬍子、全副武裝準備應戰的成年戰士，或是沒有鬍鬚、裸體、手持盾牌與長矛的年輕男子。

　　他的名字來自古希臘多利安語「αρα」（ara）的愛奧尼亞式詞根「αρ」（arē），意為「禍根、廢墟、詛咒、祈求」，而羅馬人的戰神馬爾斯（Mars）也與

古希臘語的「μαρναμαι」（我戰鬥、我廝殺）有關，表示阿瑞斯可能是古人對戰爭這一抽象概念的人格化，有時被用作「戰鬥」的同義詞。

❷ 不受歡迎的男神

古希臘人認為阿瑞斯代表戰爭狂暴血腥的一面，對他的態度很矛盾：一方面認為阿瑞斯體現了戰鬥取得成功所必需的英勇和體力，另一方面又懼怕阿瑞斯「壓倒性、無休止的，破壞性的戰爭和屠殺」——儘管阿瑞斯通常只有獲得宙斯許可時方能超量殺戮。古希臘人在神話故事中總是把阿瑞斯描寫為魯莽好鬥的年輕傻子，除了為他的勇士氣概所吸引的阿芙羅黛蒂，以及因他的屠殺而收穫諸多鬼魂的黑帝斯外，奧林帕斯山的神都討厭他，樂得看他吃癟。

這一矛盾也體現在古希臘史詩《伊里亞德》之中。當荷馬描述亞該亞人（古希臘民族之一，在《伊里亞德》中泛指希臘人）陣容強大時，他列舉了幾支阿瑞斯後裔的軍團：

《馬爾斯與朱諾》喬瓦尼・巴蒂斯塔・卡洛（Giovanni Battista Carlone）1650年

　　……住在阿斯普勒冬和奧爾科墨諾斯的密尼阿斯人由戰神之子阿斯卡拉福斯和伊
阿爾墨諾斯率領，他們是含羞的少女阿斯提奧克在阿澤斯之子阿克托爾的宮中，為強
大的阿瑞斯所生，戰神爬進臥房，與她偷偷地來往。……那些佔據卡魯斯圖斯、住在
斯提拉的人，他們由戰神的後裔埃勒斐諾爾率領……，

　　但很快地，荷馬又忍不住調侃起阿瑞斯來。當阿芙羅黛蒂走上特洛伊戰場去拯
救她與安紀塞斯所生的英雄阿伊尼斯時，她被凡人狄奧梅德斯用長槍刺傷，不僅流了
血，還被狠狠嘲笑：「即使你在這裡聽見戰爭的名稱，也會嚇得發抖」，簡直顏面盡
失。當她借阿瑞斯的馬車逃回奧林帕斯山向母親戴歐妮（Dione）哭訴時，戴歐妮安
慰她，奧林帕斯的其他神也吃過凡人的苦頭，首先就舉了阿瑞斯的例子：

插圖版畫，菲拉克曼（John Flaxman）1795年

　　……當強而有力的艾菲亞迪斯和奧圖斯，阿羅伊斯的兩個兒子，用鎖鏈把阿瑞斯捆綁起來時，後者不得不忍受這種折磨，在青銅的大鍋裡，帶著長鏈，憋了十三個月。若不是有幸獲救，嗜戰不厭的阿瑞斯可能熬不過那次苦難——兩位魔怪的後母、美貌的厄里波婭讓荷米斯捎去口信，後者把阿瑞斯從銅鍋盜出，氣息奄奄；無情的鐵鍊已把他勒得到達崩潰的邊緣。

　　雖然身為戰神，阿瑞斯卻在特洛伊戰爭中頻頻吃癟，不僅兄弟阿波羅挑撥離間，母親赫拉也在他忙於打仗時，向宙斯告狀，而父親宙斯則安排他的姐姐雅典娜狠狠地教訓了他一頓。

　　……白臂女神赫拉勒住奔馬，對克羅納斯之子、至高無上的宙斯問道：「父親宙斯，瞧這個橫霸人間的阿瑞斯，殺死了這麼多驃悍的亞該亞戰勇，毫無理由，不顧體統，只是為了讓我傷心。對於他的作為，你，你不感到憤怒嗎？此外，庫普里絲和銀弓手阿波羅挑起了阿瑞斯好殺人的習性——這個瘋子，他哪裡知道何為公正——此時正樂滋滋地閒坐觀望。父親宙斯，倘若我去狠狠地揍他，並把他趕出戰場，你會生氣嗎？」聽完這番話，神和人的父親答道：「放手去做吧，交給掠劫者的福佑雅典娜操辦；懲治阿瑞斯，她比誰都在行。」

　　阿瑞斯被雅典娜揍得鼻青臉腫後，沮喪地返回奧林帕斯山向宙斯投訴，宙斯非但沒有安慰他，反而惡狠狠地訓道：

　　不要坐在我的身邊，嗚咽泣訴，你這不要臉的牆頭草！所有奧林帕斯的神明中，你是我最討厭的一個。爭吵、戰爭和搏殺永遠是你心馳神往的事情。你繼承了你母親赫拉的那種讓人難以忍受、不協調的易怒性格；不管我怎麼說，都難以使她順服。由於她的挑唆，我想，才使你遭受此般折磨。然而，我不能再無動於衷地看著你忍受傷痛，因為你是我的兒子，你的母親把你生給了我。倘若你是其他神明的兒子，且如此

肆虐橫暴，我早就把你扔出去，丟到比百臂巨人們的位置更低的地獄深處。

　　更糟糕的是，阿瑞斯還被海克力斯打敗過，那時候這位赫赫有名的英雄還是凡人。賀希歐寫道，在皮勒斯戰爭中，阿瑞斯三次向海克力斯發動攻擊，但都被海克力斯擋了回去；第四次時，海克力斯揮舞長矛捅向阿瑞斯大腿，使阿瑞斯差點倒在地上，成了眾神的恥辱。最後他消沉地逃回奧林帕斯山。

　　不過阿瑞斯並非對奧林帕斯山全無貢獻。在古希臘著名悲劇詩人埃斯庫羅斯失傳的劇本《薛西弗斯的逃亡》中，人間國王薛西弗斯給河神阿蘇普斯（Asopos）通風報信，說是宙斯拐走了他的女兒埃革娜（Aegina）。為了懲罰他告密，宙斯派死神塔爾塔茹斯去收取薛西弗斯的性命，但狡猾的薛西弗斯把死神綁了起來，人類因此不再死亡，直到阿瑞斯救出死神，大地才復正常秩序。

插圖版畫，菲拉克曼1795年

《雅典娜驅逐美德花園中的邪惡》局部，安德莉亞·曼特尼亞（Andrea Mantegna）1499—1502年

●曼特尼亞是文藝復興早期的藝術家，他的作品多取材自古代神話。畫面中的雅典娜眼神堅定，身體姿勢充滿力量，正全副武裝，忙於驅逐花園裡形形色色的邪惡之人。

❸ 阿瑞斯的家庭狀況

A.孿生姐妹艾莉絲

　　阿瑞斯有個孿生姐妹——紛爭女神艾莉絲（Eris），正是她在凡人國王佩琉斯與海洋女神緹蒂絲的婚禮上擲給眾賓客那個著名的、上面刻著「送給最美的人」的金蘋果，從而引發了特洛伊戰爭。因為三位女神赫拉、雅典娜和阿芙羅黛蒂都想得到這個蘋果，而宙斯把裁判的任務交給了特洛伊王子帕里斯（Paris）。帕里斯把金蘋果遞給阿芙羅黛蒂，因為她許諾給予帕里斯世界上最美女子的愛情。赫拉和雅典娜惱怒地轉過身去，發誓不忘今天的恥辱，一定要向帕里斯和他的父親，以及所有的特洛伊人報復，讓他們毀滅。阿芙羅黛蒂履行了自己的諾言，她幫助帕里斯誘拐了斯巴達王后海倫——人間最美的女子。而天后赫拉和雅典娜也實現了自己的誓言，在希臘和特洛伊的十年戰爭中，她們幫助希臘人取得了最終的勝利。

《帕里斯的審判》愛德華・維斯（Eduard Veith），年代不詳
●帕里斯一手托腮作沉思狀，身旁的小天使手握金蘋果，似乎正為他出謀劃策。三位女神從左至右依次是赫拉，她身披有著
孔雀尾羽的藍色袍子；阿芙羅黛蒂，她手握鮮花，頭戴花環；雅典娜，身著鎧甲，手捧頭盔，肩上護甲還刻有梅杜莎頭像。

《帕里斯的審判》瓦特‧克蘭（Walter Crane）1909年

愛與美之女神
阿芙羅黛蒂

天后
赫拉

智慧與戰爭女神
雅典娜

《維納斯與馬爾斯》波提切利，約1483年

B.恩佑與阿芙羅黛蒂

　　有些神話稱，古代戰爭與暴力女神恩佑（Enyo）是阿瑞斯的妻子，他們生下孿生
兄弟，驚懼男神福波斯（Phobos）和恐懼男神代伊摩斯（Deimos）。不過在更多的
神話版本中，恩佑是阿瑞斯的姐妹或母親，驚懼和恐懼雙神則是阿瑞斯與愛神阿芙羅
黛蒂的孩子，他們還生下了均衡女神阿德瑞斯提婭（Adrestia）、和諧女神哈摩妮雅
（Harmonia）和包括艾若斯在內的一群小愛神。在這些版本的神話裡，工匠之神赫
費斯托斯是阿芙羅黛蒂的丈夫，他曾設計一個工藝精美、質地上乘的金網，把出軌男

女主角阿瑞斯和阿芙羅黛蒂困在床上，然後邀請眾神來觀看他們的窘態。不過據古羅馬詩人奧維德說，眾男神紛紛表示要是給他們機會與愛神同寢，再邀請三倍的神來觀看他們也毫不介意。

　　阿瑞斯可以說是阿芙羅黛蒂入幕之賓中最受她愛戀的情人，而當阿芙羅黛蒂移情別戀時，他也免不了醋意橫生。在阿多尼斯的故事中，阿多尼斯的美貌引來阿芙羅黛蒂狂熱追求，但他們的戀情十分短暫，阿多尼斯不久就在一次打獵中被野獸咬死，有

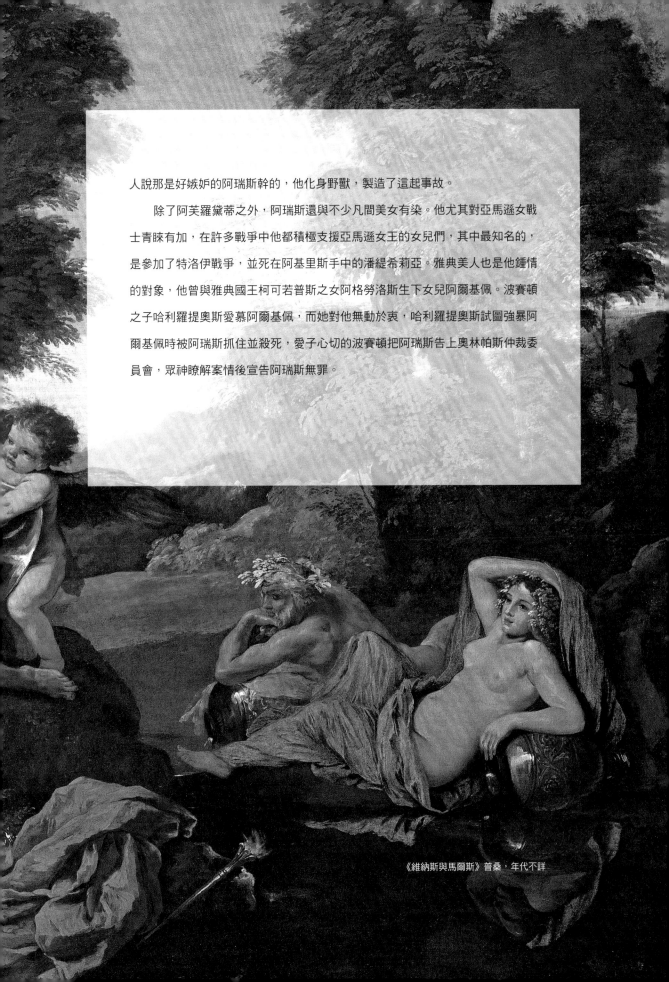

人說那是好嫉妒的阿瑞斯幹的，他化身野獸，製造了這起事故。

　　除了阿芙羅黛蒂之外，阿瑞斯還與不少凡間美女有染。他尤其對亞馬遜女戰士青睞有加，在許多戰爭中他都積極支援亞馬遜女王的女兒們，其中最知名的，是參加了特洛伊戰爭，並死在阿基里斯手中的潘緹希莉亞。雅典美人也是他鍾情的對象，他曾與雅典國王柯可若普斯之女阿格勞洛斯生下女兒阿爾基佩。波賽頓之子哈利羅提奧斯愛慕阿爾基佩，而她對他無動於衷，哈利羅提奧斯試圖強暴阿爾基佩時被阿瑞斯抓住並殺死，愛子心切的波賽頓把阿瑞斯告上奧林帕斯仲裁委員會，眾神瞭解案情後宣告阿瑞斯無罪。

《維納斯與馬爾斯》普桑，年代不詳

阿瑞斯在希臘古城底
比斯有著重要地位。在阿波
羅度斯的《希臘神話》中，
底比斯城的創立者卡德摩斯
（Cadmos/ Cadmus）派
人去阿瑞斯之泉取水，但大
部分人都被阿瑞斯派去看守
水泉的龍殺死了。憤怒的卡
德摩斯屠殺了龍，並按照雅
典娜的指示，拔下龍牙，種
在土裡，結果土裡生長出全
副武裝的龍牙武士。為了讓
阿瑞斯息怒，卡德摩斯自願
向阿瑞斯服勞役，而雅典娜
則勸卡德摩斯迎娶了阿瑞斯
的女兒和諧女神哈摩妮雅，
由此卡德摩斯調和了一切紛
爭，建立了擁有七重城牆的
底比斯城，並將腓尼基字母
傳入希臘。

《卡德摩斯和哈摩妮雅》艾芙琳‧德‧摩
根（Evelyn de Morgan）1877年

❹　阿瑞斯在斯巴達和羅馬

（左上圖）《為了繁榮與和平，
米娜娃讓馬爾斯走開》丁托列托
1576—1577年
（右上圖）《海克力斯與米娜娃
驅逐馬爾斯》小維克多‧沃夫沃
特（Victor II Wolfut）1630—
1640年
（下圖）《戰爭與和平》魯本斯
1629—1630年

　　雖然阿瑞斯有時會從士兵處獲得供品，不過基本上，他很少受到雅典人尊敬，因
為雅典人不喜歡戰爭，除非是為了自由或保衛家園；而在斯巴達，阿瑞斯因為韌性、
體力和無與倫比的軍事力量備受欽佩，被視作士兵典範。考古學家們曾在斯巴達東部
發現一個古老的阿瑞斯被鎖鏈綑綁的雕像，表示他的尚武精神和鬥志將被永久留存在
斯巴達，這也體現了雅典人和斯巴達人的文化差異。

《戰神馬爾斯與瑞亞‧西爾維婭》魯本斯，約1620年

　　阿瑞斯在古羅馬對應的神是馬爾斯（Mars），差異之處在於馬爾斯不僅是
戰神，也是農業之神，祭祀他的節慶大多在三月舉行──三月（March，拉丁語
Martius）便是從他的名字而來，而到了十月，農耕季節結束後，便是對外發動戰爭
的季節了。

　　雖然阿瑞斯被希臘人看作一種破壞秩序與穩定的力量，但在羅馬，馬爾斯卻是除
了朱比特之外最重要的男神，他不僅代表了維持和平所不可少的軍事力量，還是羅馬
人的始祖，因為所有羅馬人都是馬爾斯與瑞亞‧西爾維婭的後裔。瑞亞‧西爾維婭是
遭兄弟篡位的拉丁姆（今義大利中西部拉齊奧區）國王阿爾巴‧隆加之女，除了公主
身份，她也是灶神維斯塔的女祭司。在古羅馬，女祭司是終身不婚的貞女，因此她那
篡位的叔叔覺得後顧無憂。不料某日馬爾斯與瑞亞‧西爾維婭結合，使她生下了孿生
子羅慕勒斯與雷穆斯。她的叔叔發現後暴跳如雷，以違背貞潔誓言的名義將她扔進台
伯河，嬰兒也被棄於河灘。一頭母狼發現了這對兄弟，以自己的乳汁餵養他們，直到

他們被一名牧羊人收養（也有人說「母狼」是牧羊人妻子的綽號）。這對孿生子長大後得知了自己的身世，為了奪回外公的王位而戰，後來又在台伯河邊建立了羅馬城。自此母狼變成了羅馬人尊崇的動物。

　　阿瑞斯與阿芙羅黛蒂的姦情常被希臘人在詩歌裡調侃，而在羅馬神話中，他倆卻有著更為重要的意義，因為阿芙羅黛蒂的羅馬對應神維納斯，是傳說中羅馬人先祖阿伊尼斯的母親（羅馬人認為創建羅馬城的孿生子是阿伊尼斯的後代），透過阿伊尼斯，羅馬人能將族譜上溯至諸神。這一傳承關係對羅馬人意義重大，如此一來無論在義大利本土，還是帝國境外，羅馬人的統治者都要優於各地的土著統治者。因此，羅馬人常常忽略阿瑞斯與阿芙羅黛蒂幽會其中的通姦意涵，轉而將重點放在他倆代表「愛」與「戰爭」和平結合的意義上。馬爾斯經常被描繪為解除武裝和放鬆休閒，甚至安然入睡的狀態，但他們的戀情時常被霍爾坎（赫費斯托斯的羅馬對等神）或別的神打斷，也表示和平是多麼脆弱與珍貴。

（左圖）《戰場上的馬爾斯巴托羅美奧·斯普朗格（Bartholomaeus Spranger），約1580年
（右圖）《維納斯、馬爾斯與丘比特》魯本斯，年代不詳

IX

火與工匠之神——赫費斯托斯

Hephaestus

希臘神名／赫費斯托斯

羅馬神名／霍爾坎

妻子／阿芙羅黛蒂

父母／宙斯（父親）、赫拉（母親）

主司／鍛造、火焰、火山

象徵物／錘子、鐵鉗

❶ 身殘志堅的巧手男神

　　赫費斯托斯是希臘神話中掌管火焰和工匠的男神，一般被認為是工匠的始祖，也是雕刻匠、鐵匠和織工的保護神。他往往以鐵匠的形象出現，古典時期的希臘人常把他描繪成一個頭戴橢圓形帽子，頭髮蓬亂，滿臉落腮鬍、肌肉發達，右手握著鐵錘，左手拿著鉗子，在煙熏火燎的環境中為眾神製造各種武器和金屬用品的中年男子。在一眾俊男美女的希臘神祇中，面目醜陋、腿腳不便的赫費斯托斯可謂一個異數，他名副其實地靠手藝吃飯，還獲得了「綠帽巧匠」的名號。

　　大部分神話都說，赫費斯托斯是赫拉獨自生下的兒子。賀希歐在《神譜》中寫道，赫拉因為宙斯獨自生下眼睛明亮的雅典娜而十分惱火，於是她獨自一人來到天際生下赫費斯托斯。荷馬在《伊里亞德》中也稱赫拉是赫費斯托斯的母親，卻未提及宙

斯是他的父親。後世的其他神話作者大多沿襲了賀希歐和荷馬的說法，比如阿波羅度斯的《希臘神話》和古羅馬作家希吉努斯的《傳說集》。

　　根據賀希歐的說法，雅典娜是赫費斯托斯的姐姐，但在一些留存至今的古希臘陶罐上，卻描繪了赫費斯托斯揮舞著斧頭劈開宙斯的頭顱，從中解救出雅典娜的場景。

（左圖）《赫費斯托斯》龐培奧·巴托尼（Pompeo Batoni）1750年
（右圖）《赫費斯托斯在他的鐵匠鋪》龐培奧·巴托尼1750年

這樣看來，赫費斯托斯又變成了雅典娜的哥哥。

　　赫費斯托斯身世的矛盾同樣體現在他瘸腿的由來上。在《伊里亞德》和一些荷馬式頌歌中，自尊心甚強的赫拉見這個新生兒跛足又虛弱不堪，便將他拋下奧林帕斯山，幸好海洋女神緹蒂絲和尤瑞諾美收養了他。後世作家則把他的殘疾歸為第二次從天上墜落的結果，那次，宙斯在大怒中把赫拉倒掛在空中，赫費斯托斯試圖救出母親，卻被宙斯從天上拋下，墜落在希臘的連諾斯島（Lemnos）上，幸好他受到利姆諾斯土著辛提斯人（Sintians）的照料——作為回報，赫費斯托斯向他們傳授了鍛造

《赫拉在赫費斯托斯的家裡》威廉‧布雷克‧瑞奇曼（William Blake Richmond）1902年

的祕技。

　　有些神話研究者認為，赫費斯托斯醜陋的外表和跛足是砷中毒的表現。在青銅時代，常以砷代替不易得到的錫來冶煉，從而使青銅器變硬。但是大量接觸砷會導致跛足和皮膚癌，所以赫費斯托斯的神話形象實際上反映了青銅器時代鐵匠的形象。

《火神》魯本斯，約
1636—1638年
●魯本斯的作品通常場
面宏大，富有律動感和
戲劇性。他將赫費斯托
斯刻畫成一個標準的打
鐵匠，在火神的身旁散
落著盔甲與盾牌，他正
神情專注地做著手上的
工作，緊繃的肌肉和迸
發的火星顯示出了這位
男神的力量。

《赫費斯托斯的鍛造工廠》喬治·瓦薩里（Giorgio Vasari），約1555—1557年

　　赫費斯托斯雖然很醜，卻很聰明，他對自己的遭遇感到憤怒，於是進行了一次報復行動。某日，赫拉收到他送來的一個非常精緻的黃金御座，她欣喜地坐上去之後就被上面的機關鎖住了手腳，動彈不得。眾神前來解救，卻無可奈何，只好向赫費斯托斯求助。赫費斯托斯不願幫忙，戰神阿瑞斯跑去向他挑戰，結果被他用火炭砸傷。最後還是酒神戴奧尼索斯出面，才把他帶回了奧林帕斯山——這一場景有時會出現在阿堤卡和科林斯出土的彩陶上：赫費斯托斯騎著騾子或馬，扛著鐵錘和鐵砧，戴奧尼索斯牽著韁繩，拿著赫費斯托斯的一把雙頭斧，在薩提爾和酒神瘋狂女信徒的陪同下返回天界。當赫拉承認自己的過錯後，赫費斯托斯解開了機關，母子倆化戾氣為祥和。

　　赫費斯托斯成為奧林帕斯山主神後，為眾神建造了一座金碧輝煌的宮殿，並在山上修建了一個冶金工坊。在工坊裡，他為諸神和英雄們打造各種神器，比如宙斯的王杖和神盾，戴奧尼索斯的權杖，荷米斯的有翼飛帽和飛行芒鞋，阿基里斯的甲冑和盾牌，赫利歐斯的太陽車，阿芙羅黛蒂的能增添女性魅力的金腰帶，他還用黏土捏出了美女潘朵拉……。

　　在《伊里亞德》中，海洋女神緹蒂絲到冶金工坊來拜訪赫費斯托斯時，他正風風火火地穿梭在風箱旁，忙於製作二十個鼎，排放在房子的牆角：

他在每個鼎的底下安置黃金滑輪，

所以它們會自動滾入神祇聚會的廳堂，

然後滑回他的居所：一批讓人看了讚嘆不已的精品。

一切都已鑄製完畢，只缺紋飾精緻的把手。

其時，他正忙著安置和鉚接手柄，

專心致志，頭也不抬。

《阿波羅在赫費斯托斯的鍛造工廠》維拉斯奎茲1630年

●赫費斯托斯和同伴們原本在專心工作，阿波羅突然闖入，帶來了阿芙羅黛蒂出軌的消息，他們聽到後，表情錯愕，呆立在原地。維拉斯奎茲對這幕場景的刻畫十分具有生活氣息，只有阿波羅頭上的金光昭示了神話的色彩。

《潘朵拉》雷東，約1914年
●雷東是法國象徵主義藝術家，他
晚期的作品熱衷於描繪各種花卉。
例如此圖，潘朵拉被明豔的花卉包
圍著，站在畫面中央，懷抱著帶給
人類災難、疾病和不幸的魔盒。

❷　赫費斯托斯的愛情

A.赫費斯托斯與葛拉依雅

　　在荷馬史詩《伊里亞德》中，赫費斯托斯的妻子是葛拉依雅——賀希歐稱她為最年輕的美儀女神（Charites，卡里特斯）。他們育有幾名女兒，比如代表良好聲譽和榮耀的女神歐克勒亞（Eucleia）、讚美女神歐斐墨（Eupheme），以及代表親切、友善和歡迎的女神菲洛菲婥西涅（Philophrosyne），代表繁榮、豐富和充足的女神歐赦涅亞（Euthenia）等。《伊里亞德》中提到赫費斯托斯與葛拉依雅相處得似乎還不錯，當海洋女神緹蒂絲[※]登門時，葛拉依雅招待得體：

※注：海洋女神緹蒂絲是英雄阿基里斯之母。緹蒂絲希望兒子可以永生，就把他浸在冥河中。由於她抓著阿基里斯的腳踝，所以除了腳踝部分，浸泡過冥河水的阿基里斯全身都是刀槍不入的。赫費斯托斯曾為阿基里斯鍛造甲冑與盾牌，阿基里斯死後，他的甲冑成為希臘英雄埃阿斯與奧德修斯的爭奪焦點。

頭巾閃亮的卡里特斯徐步前行，眼見造訪的緹蒂絲，

卡里特斯，美貌的女神，聞名遐邇的強臂神工的妻子。

她迎上前去，拉住緹蒂絲的手，叫著她的名字，說道：

「裙衫飄逸的緹蒂絲，是哪陣和風把你吹進我們的居所？

我們尊敬和愛慕的朋友，稀客，以前為何不常來賞光串門？

請進來吧，容我聊盡地主的情誼。」

言罷，卡里特斯，風姿綽約的女神，引步前行，

讓緹蒂絲坐上一張做工精緻的靠椅，

造型美觀，銀釘嵌飾，前面放著一把腳凳。

她開口招呼赫費斯托斯，喊道：

「赫費斯托斯，來呀，看看是誰來了──緹蒂絲有事相求。」

（左圖）《維納斯收到霍爾坎為埃阿涅斯打造的鎧甲》安東尼‧范戴克1630－1632年
（中圖）《緹蒂絲拿到赫費斯托斯為阿基里斯打造的甲胄》魯本斯，年代不詳
（右圖）《緹蒂絲把甲胄帶給阿基里斯》本傑明‧韋斯特（Benjamin West）1806年

B.赫費斯托斯與阿芙羅黛蒂

在大多數神話的版本中，赫費斯托斯的妻子是愛神阿芙羅黛蒂。《奧德賽》裡記載了阿芙羅黛蒂最著名的一段韻事：某日，阿瑞斯和阿芙羅黛蒂在赫費斯托斯家裡幽會，被什麼都能看見的太陽神赫利歐斯窺見，並告訴了頭頂泛綠的匠神。赫費斯托斯強忍怒火，跑到冶煉工坊，鍛造出一張神祇看不到也無法掙脫的羅網，接著，潛回家中，將羅網安裝在床鋪四周，然後假裝離家前往別的地方。阿瑞斯信以為真，便又跑來與阿芙羅黛蒂幽會。正當他們躺在床上漸入佳境時，在遠方窺視的赫費斯托斯回家放下羅網，使兩人手腳動彈不得，無法起身逃走。

最終，由眾神做見證，在阿瑞斯做出賠償保證後，赫費斯托斯才解開羅網，然後

（左圖）《維納斯與馬爾斯》盧卡・吉奧達諾（Luca Giordano），約1670年
（右圖）《眾神面前受到驚嚇的維納斯與馬爾斯》喬吉姆・維特威爾（Joachim Wtewael），約1606—1610年

《遭到霍爾坎驚嚇的馬爾斯與維納斯》亞歷山大‧查理斯‧紀堯姆（Alexandre Charles Guillemot）1827年

戰神在轉瞬間就逃之夭夭。荷馬並沒有提到阿瑞斯和阿芙羅黛蒂之間留下什麼後代，我們也從未在《荷馬史詩》中見到過小愛神艾若斯，其他神話裡則提到愛神和戰神生有好幾個孩子：驚懼男神福波斯（Phobos）、恐懼男神代伊摩斯（Deimos）、均衡女神阿德瑞斯提婭（Adrestia）、和諧女神哈摩妮雅（Harmonia）與包括艾若斯在內的一群小愛神。

C.赫費斯托斯與雅典娜

　　在另外一些神話中，赫費斯托斯還試圖染指自己的姐姐（或妹妹）雅典娜[※]。阿波羅度斯記錄了一個古老的傳說：某日，雅典娜拜訪赫費斯托斯，要求得到一些武器，但赫費斯托斯被欲望所壓倒，試圖在他的工作室裡引誘她。雅典娜決心保持童貞，在赫費斯托斯的追逐下企圖逃離。他抓住了雅典娜，試圖侵犯她，但雅典娜揍了他。在糾纏打鬥中，匠神的精液滴落在雅典娜的大腿上，雅典娜厭惡地用羊毛將其抹去，擲在地面，結果從中生出了艾瑞克修斯（Erichthonius）。

　　雅典娜想祕密地撫養這個孩子，便把他放在一個小盒子裡給了雅典第一任國王柯可若普斯（Cecrops）的三個女兒赫爾斯（Herse）、阿格勞洛斯（Aglaurus）和潘露辛斯（Pandrosus），並警告她們永遠不要看盒子裡面的東西。潘露辛斯順從了，但是赫爾斯和阿格勞洛斯被好奇心所驅使，趁雅典娜外出時偷偷潛入神廟，打開了盒子。看到盒子裡裝的是一個被蛇纏繞的嬰兒後，她們嚇得魂不附體，一路狂奔，最後從衛城上摔了下去。也有人說，她們因為揭開了雅典娜試圖掩蓋的祕密，使女神勃然大怒，最後被蛇咬死。

　　古羅馬作家希吉努斯記載了一個類似的故事：赫費斯托斯向宙斯請求娶雅典娜為妻，因為是他打開宙斯的顱骨，讓雅典娜得以誕生。宙斯同意了，於是赫費斯托斯和雅典娜結了婚，當他們即將完成結合時，雅典娜突然從婚床上消失，赫費斯托斯的精液落在大地上，使地母蓋亞受孕，生下艾瑞克修斯。

　　這個糟糕的神話或許是對一個古老崇拜的誤讀。在雅典，赫費斯托斯與雅典娜共用寺廟和節日，赫費斯托斯被稱作「照耀白晝者」，而雅典娜被稱作「照耀黑夜者」，赫費斯托斯之於男性眾神，就像雅典娜之於女性眾神一樣，他們將技藝傳授給凡人，都是工匠和技藝的守護神。

※ 注：柏拉圖把雅典娜與利比亞女神奈特（Neith）聯繫在一起。奈特在尼羅河三角洲有一座神廟，她的少女祭司每年都會為了大祭司之位進行武裝競技。西元前3100年左右，上下埃及統一時，大批女神崇拜者從尼羅河三角洲遷徙到克里特島，之後很快迎來了第一次米諾斯文明，而克里特島文明後來又傳播到瑟雷斯和

《雅典娜藐視赫費斯托斯的求愛》巴麗斯‧博爾多內（Paris Bordon），約1555—1560年

青銅器時代的希臘。埃及神話中，對應赫費斯托斯的的神是孟菲斯的創世神葛塔（Ptach），他名字的意思是創始者。他是三位一體的神，其他兩位神是他的妻子獅神塞赫麥特（Sekhmet）和兒子蓮花神奈菲特姆（Nefertem）。葛塔是工匠的保護神，他用智慧的力量創造了世界，他透過心中的思想塑造了萬物，然後用舌發聲使其變成現實—埃及人認為心是智力之源。葛塔創造了眾神和埃及，包括一切城市、神殿與詞彙。儘管葛塔是埃及最古老的神祇之一，但他最終沒有上升為至高無上的神，後期神話中，他經常被併入其他神的特質中，比如葛塔–賽凱爾–奧西里斯，也就是死亡之神。希臘人到達埃及後，把葛塔看作他們的赫費斯托斯。希臘語的「Aeguptos」便成了今天的「Egypt」。

❸ 世界火神巡禮

千萬年來，人類與火的關係一直神祕而密切。人類對火愈是崇敬，也就愈畏懼它對人的懲罰報復，這使火遠比其他自然力更經常受到崇敬和供奉，由此產生了許許多多關於火神的趣聞軼事。

除了古希臘神話中火與工匠之神赫費斯托斯之外，其他地方的神話中也有不少火神的身影：

A.北歐神話——「邪惡」的洛奇（Loki）

最初洛奇只是灶火（不同於索爾的雷火）的人格化。當他還是善神時，象徵著「生活之精神」，後來他變成惡神時，則成了夏日酷熱的化身，又象徵著「生活之誘惑」。如果和索爾進行對比的話，那麼索爾是北歐人活動的象徵，而洛奇則是消遣的象徵。索爾和洛奇曾經常結伴而行，是因為北歐人認識到「活動」和「消遣」都是必要的。

洛奇原先並不屬於亞薩神族，他是冰霜巨人的後裔。但是後來，洛奇和眾神之主奧丁有緣成為結義兄弟，因此在亞薩園中成了眾神的首領之一。漫威電影把洛奇設定為索爾的弟弟，其實在北歐神話裡洛奇算是索爾的叔叔輩了。

洛奇貌似和善，實則性情詭譎，經常惹是生非。一開始他只是為戲謔而戲謔，如偷偷地剪下索爾的妻子西芙的金髮。後來他肆無忌憚地為非作歹，給亞薩園帶來很大的麻煩，但他卻又經常能夠憑藉智慧和計謀，為眾神排解困難，屢建奇功，因此也是一位在亞薩園中舉足輕重的人物。比如某次雷神索爾的雷霆之錘被冰霜巨人偷走，巨人提出用愛神弗蕾婭作為交換，亞薩園中一片焦慮。最後還是洛奇帶著男扮女裝、假扮成新娘的索爾，花言巧語騙過巨人，使巨人把錘子當作「定情信物」送給索爾，好歹是騙了回來。

洛奇英俊而高貴，在諸神和巨人中有不少情人，這些情人為他生下了許多孩子，

其中最有名的，是可吞噬天地並最終殺死奧丁的巨狼芬里爾，環繞人類家園——中間園的巨大魔蛇迦瑞姆格德雷，以及死亡之國的女王海拉。他雖是火焰與魔法之神，但一般人更常稱他為「邪神洛奇」。因為他害死了奧丁之子——光明之神巴爾德爾，並率領巨人族向諸神發動了最終的進攻。

B.美索不達米亞火神基比爾（Gibil）

美索不達米亞地區的宗教綿延了數千年，又歷經蘇美人、阿卡德人、巴比倫人、亞述人的統治，其神祇數量之多，為其他地區和國家所罕見。各民族創造了無數的

《洛奇在阿斯嘎德的惡作劇》威利‧波嘉尼（Willy Pogany）1920年

神，國有國神，城有城神，家有家神，人們的每項活動，基本上都與神有關。按照蘇美人的觀念，連空氣中都充滿了神！西元前9世紀，巴比倫曾做過一次官方統計，神的「人口」高達6.5萬！

在這6.5萬的「神口」中，一般來說，基比爾神是蘇美神話中的火神。他代表焚燒祭品並將美妙的香味帶給眾神的神火，其標誌是一盞形狀像木鞋的燈。在巫術儀式中，他是符咒的內容，一般是由巫師把一尊泥塑男巫扔入火中，誦念這樣的符咒：「願基比爾吞沒你！願基比爾捉住你！願基比爾毀滅你！」

基比爾的父親光與天火之神努斯庫（Nusku）也受到人們的崇拜。最初努斯庫被認為是天神安努之子，後又被視作風神恩利爾的長子。努斯庫的主要職責就是為他的父親恩利爾傳達口諭，他的崇拜中心在古代亞述的哈蘭。

C.亞捫人的火神莫洛（Moloch/Molekh）

古迦南地區的亞捫人（Ammonites）崇拜火神莫洛。莫洛牛首人身，生性殘忍，通常被視為邪神。據說在祭祀莫洛的宗教儀式上，人們需要把嬰兒投入火中獻給他，才能取得他的歡心。不過，這不排除是亞捫人敵對民族猶太人的誹謗之言；也有一些文獻稱最初莫洛並非指神，而是指一種特定的祭祀形式。

D.洲狄奧提瓦康的老人火神托希爾（Tohil）

在古代美洲，與瑪雅同時興起的狄奧提瓦康，意為「天神降生的地方」，在全盛時期，它是全美洲最大的城市。狄奧提瓦康人與瑪雅人一樣，也奉行260天的神曆和365天的太陽曆，他們信奉的主神是和農業生產緊密聯繫的水神、雨神和火神。其中

火神的形象是一個坐在地上的老人，頭上頂著一個火盆。

E. 夏夏威夷的火山女神佩勒（Pele）

夏威夷神話中有一位女火神佩勒（Pele）。夏威夷群島有著眾多火山，佩勒就是火山的女神，是火山噴發時流出的熔岩的神格化。她住在火山口，火山要噴發時，她給島民們發出警告。她往往和白色的小狗一起出現，把惹怒她的人類變成石頭。

X 一箭傾心的男神——艾若斯

Eros

希臘神名／艾若斯

羅馬神名／丘比特

妻子／賽姬

父母／阿瑞斯（父親）、阿芙羅黛蒂（母親）

主司／愛情

象徵物／弓箭

❶ 艾若斯的身世

　　艾若斯是希臘人眼中頑皮的愛欲之神，他射出的金箭會讓中箭的人陷入熱戀，鉛箭則會讓人心如止水，愛欲全消。在早期的希臘詩歌和藝術中，艾若斯常被描繪成一個年輕男子——在留存至今的古代陶罐上，可以看到他被畫成一個俊美青年，象徵著性的力量。他的聖物千差萬別——從普通的弓箭，到送給心上人的禮物，如野兔、腰帶或鮮花，不一而足。不過後來諷刺詩人逐漸把艾若斯說成是一個被蒙住眼睛的孩子——也許是因為愛情總是任性而盲目的。在後來的文藝復興時期，藝術家筆下圓滾滾的、長著翅膀的小天使丘比特（即希臘神話中的艾若斯）的形象便由此而來。

　　賀希歐在《神譜》中把艾若斯描繪成一個在時間之初誕生的神，是繼渾沌巨人卡俄斯、地母蓋亞和深淵塔爾塔茹斯之後第四個出現的神，是參與創造宇宙的最原始的神之一。但在後世神話中，艾若斯被描繪成阿芙羅黛蒂的兒子，喜歡惡作劇地干涉神與人的韻事。

　　在奧菲斯教的頌歌中，艾若斯出生過兩次。他被描繪成一個非常古老的神，但並不是原初之神，因為他是夜之女神尼克斯（Nyx）的兒子。受奧菲斯教的影響，古希臘喜劇作家阿里斯托芬是這樣描述艾若斯的第一次誕生的：

起初只有渾沌、夜晚、黑暗和深淵。大地、空氣和天界都不存在。長著黑色翅膀的夜晚在無盡的黑暗深處產下了一顆未受精的蛋，經過漫長的演化，從中誕生了優雅的愛神艾若斯，他那閃閃發光的金色翅膀能像風暴一樣急速飛翔。他在深淵中與像他一樣長著翅膀的黑暗渾沌交配，從而產下我們這個種族，也是第一個看到光明的種族。

《丘比特》茱麗葉斯・克朗伯格（Julius Kronberg），1881年

　　許多神話版本都顯示，艾若斯是阿芙羅黛蒂與阿瑞斯的孩子，這是艾若斯的第二次出生，標誌著他從單性的繁殖之神變成了由兩性結合產生的愛欲之神。對艾若斯的崇拜始於前古典時期的希臘，雖然他遠沒有阿芙羅黛蒂那麼受歡迎，但在雅典城，他與阿芙羅黛蒂分享了人們的崇拜，每個月的第四天是獻祭他的日子。

　　儘管從未躋身奧林帕斯山十二主神之一，艾若斯的實力卻不容小覷，在許多神話中，他推動了關鍵劇情的發展。阿波羅射殺德爾菲的巨蛇匹松後，曾得意洋洋地對艾若斯吹噓自己的功績，並稱艾若斯的箭只是兒童玩具，艾若斯由此懷恨在心。一天，他將點燃愛情之火的金箭射向阿波羅，令他瘋狂地愛上了水澤仙女達芙妮，同時又將拒絕愛情的鉛箭射向達芙妮，令她強烈排斥愛情。因此阿波羅追求達芙妮失敗，轉而

《美蒂亞拋棄她的孩子》安瑟姆‧費爾巴哈（Anselm Feuerbach）1870年

把達芙妮變成的月桂樹視作自己的聖樹，摘下它的枝葉做成桂冠戴在自己頭上。

在古希臘神話著名的「金羊毛事件」中，艾若斯便發揮了影響力。金羊毛是古希臘神話中象徵著財富和權力的稀世珍寶，很多君王和英雄都試圖搶奪它，忒薩利亞的王子傑森就是其中之一。為了讓金羊毛所在島嶼的公主美蒂亞幫助傑森獲得金羊毛，傑森的保護女神赫拉請雅典娜說服阿芙羅黛蒂，讓艾若斯向美蒂亞射出金箭，使她愛上傑森。於是阿芙羅黛蒂將此事慎重地交給了小愛神，還許諾給他一個工匠之神製作的精美玩具做為事成之後的獎勵。

在傑森一行人到達科爾基斯島後，艾若斯藏在傑森的身後，將一支金箭，嗖的一聲，射中美蒂亞的心。美蒂亞由此愛上傑森，並幫助他奪取了金羊毛。

《美蒂亞》弗里德里克・桑迪斯（Frederick Sandys）1866—1868年

② 艾若斯的伴侶

　　艾若斯挑起了許多愛情故事，最後本尊也未能倖免，他與凡人女子賽姬（Psyche）產生了戀情。賽姬或稱塞姬，是希臘、羅馬神話中人類靈魂的象徵，字面上的意思是「靈魂、呼吸、生命或有生氣的力量」。在最早的古希臘花瓶上，她常以鳥身人頭的形象出現，有時臉上還長著鬍子，之後她的形象逐漸變成了公雞、小人兒或是蝴蝶（因為「賽姬」在古希臘語中也有「蝴蝶」的意思），而在她與艾若斯的愛情故事中，她以美麗少女的形象出現，背後長有蝶翼，寓意靈魂破繭成蝶。

　　艾若斯（丘比特）與賽姬的故事在古希臘、羅馬世界廣為流傳之後，古羅馬學者阿普留斯在史上第一本拉丁語小說《阿普留斯變形記》裡又擴展了這個故事。他將丘比特描繪成一個年輕男神，將賽姬設定為一位國王的第三個女兒。賽姬的兩位姐姐只是普通的美人，所以生活平靜，順利地與他國王子結婚生子，而賽姬因為超凡脫俗的美貌，被人們當作美神來崇拜，無人敢對她有任何非分之想。

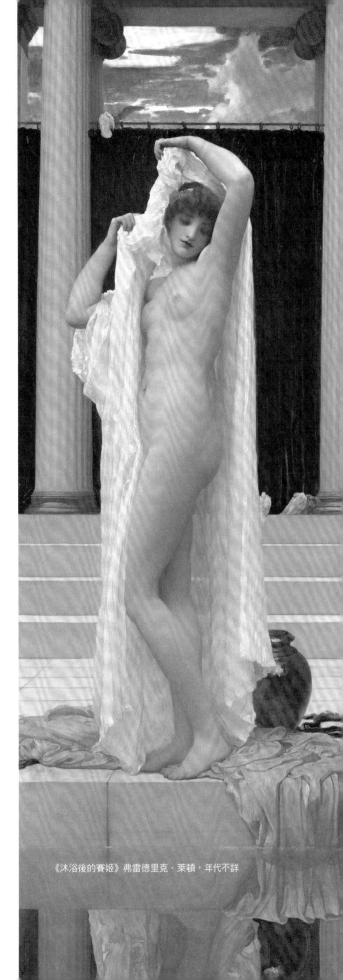

《沐浴後的賽姬》弗雷德里克・萊頓，年代不詳

（左上圖）《愛神與賽姬》安東尼奧・卡洛瓦
1786—1793年
（左下圖）《丘比特與塞姬》阿方斯・勒格羅
（Alphonse Legros），約1867年
（右圖）《塞姬的狂喜》布格羅1895年

　　由於人們全都湧向王宮，愛神廟供奉的祭品就變少了。維納斯搞清事情原委後
大發雷霆：人們竟然崇拜一個凡人少女而捨棄偉大的愛神！必須對賽姬進行懲罰！於
是，維納斯召來丘比特，命令他把賽姬嫁給人間最卑鄙、最醜陋的男子。

　　此時，賽姬的父母也正為女兒遲遲無人求婚而憂心忡忡，便向阿波羅求取神諭。
令人吃驚的是，阿波羅指示他們把寶貝女兒獻祭給一個怪物，還指定了獻祭的地點。
賽姬的父母雖然悲痛欲絕，卻只能聽從神的指示。

《丘比特》布格羅 1875年

其實，這一切都是丘比特的陰謀。他在執行母親維納斯的命令時，目睹了賽姬的絕世美貌，一時情迷意亂，用本來要射向賽姬的金箭戳傷了自己的手指。他立刻陷入對賽姬的愛戀中，但又懼怕母親維納斯的怒火，於是請求阿波羅幫忙，聯手設計了這場戲。

賽姬被扔下山崖後，西風神澤費魯斯（Zephyrus）立刻將她送到丘比特的祕密宮殿。在那裡，看不見的侍從們服侍忐忑不安的少女用餐。到了晚上，丘比特在黑暗的掩護下與賽姬祕密成婚，天亮前便悄悄離開，兩人從此過上了新婚夫婦的生活。

一段時間後，賽姬開始感到寂寞，儘管她擁有華麗的宮殿、精美的服飾、無數的珠寶，卻見不到人影。終於有一天，她向看不見的丈夫提出想見一下兩個姐姐的請求。

丘比特對賽姬可謂百依百順，盡可能地滿足她的要求以討得她的歡心。對於賽姬想見姐姐的請求，他雖然從神的角度預見了種種可怕的風險，卻還是不忍拒絕。他叮囑賽姬不要盲目聽從姐姐們不靠譜的建議，賽姬乖順地答應了。

第二天，丘比特派出西風神把賽姬的兩個姐姐帶到宮殿，賽姬非常高興，竭盡所能地款待她們。不料，姐姐們看到賽姬的幸福生活遠勝於自己後，心生嫉妒，決計拆散

《愛神與賽姬》局部，恩斯特‧羅貝爾（Ernst Roeber），年代不詳

《丘比特與賽姬》局部，作者與年代不詳

《丘比特與賽姬》局部，吉庸姆‧賽伊涅克（Guillaume Seignac），年代不詳

《新婚的丘比特與賽姬》局部，休‧道格拉斯‧漢密爾頓（Hugh Douglas Hamilton）1972—1973年

這對夫妻。於是，她們恐嚇賽姬，說她的丈夫是個怪物，是條可怕的蟒蛇，不然為何他只在黑暗中出現，從不讓小妹見到他的真容呢？

見賽姬被嚇得花容失色，姐姐們又塞給她一把匕首，讓她晚上趁丈夫入睡時悄悄點亮燈，查看他的真面目，並將其一刀斃命。

這一晚，賽姬趁丈夫睡著了，悄悄起身點燃油燈，手持匕首準備把怪物幹掉，卻發現丈夫竟然是愛神丘比特。她又驚又喜，想要親吻丘比特，卻不小心把滾燙的燈油濺落在丘比特身上，對丘比特造成了巨大的傷害。丘比特發現愛妻背叛了彼此「不看真面目」的諾言，憤怒傷心地飛走了。他用神力變幻出來的宏偉宮殿也隨即化為烏有。

賽姬傷心欲絕卻又不知所措，她向眾神求助，但無人敢冒著得罪維納斯的危險幫助賽姬。絕望之中，賽姬艱難地找到了維納斯，向她本人求情。

維納斯聽說丘比特娶了賽姬，而賽姬又背叛了丘比特，便發誓要嚴厲懲罰賽姬。當賽姬祈求維納斯原諒時，維納斯指責嘲弄賽姬不守信譽且容貌平平，告誡她求得原諒的唯一途徑是去完成一些艱苦的工作。

賽姬答應了她的條件。維納斯把麥種、穀子和罌粟花籽混成一堆，命令賽姬在天黑前分類好。就在賽姬絕望之際，一群熱情的螞蟻幫助她完成了任務。

維納斯回來看到後，更加惱怒，交給賽姬更多幾乎不可能完成的任務，比如從兇狠的綿羊身上剪取金色的羊毛，從死亡之河中汲取黑水。每一次維納斯都

（左圖）《愛神與蝴蝶》布格羅1888年
（中圖）《愛神在觀望》布格羅1890年
（右圖）《拔刺》布格羅1894年

自信賽姬根本無法完成，但賽姬每次都會得到意想不到的幫助，順利完成任務。

最後維納斯使出殺手鐧，她派賽姬去向冥后取回被她稱為「美容祕方」的東西。這意味著賽姬必須下到冥府，一路上她要經過無數艱難險阻，遭遇無數妖魔鬼怪。幸好，與所有童話故事裡的女主角一樣，她順利攜寶返回了地面。

然而，重返人間的賽姬犯了和潘朵拉同樣的「好奇病」，只不過這次的受害者是她自己。她出於對「最美女神必備神器」的好奇打開了盒子，結果被盒裡祕藏的「睡魔」擊中，陷入長眠。

另一方面，被嚴重燙傷的丘比特一邊在床上痛苦呻吟，一邊熱切地盼望與賽姬重修舊好。他掙扎著前往奧林帕斯山，懇請神王朱比特讓賽姬永生不死。

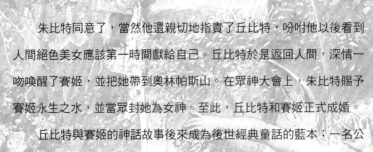

朱比特同意了，當然他還親切地指責了丘比特，吩咐他以後看到人間絕色美女應該第一時間獻給自己。丘比特於是返回人間，深情一吻喚醒了賽姬，並把她帶到奧林帕斯山。在眾神大會上，朱比特賜予賽姬永生之水，並當眾封她為女神。至此，丘比特和賽姬正式成婚。

丘比特與賽姬的神話故事後來成為後世經典童話的藍本：一名公主嫁給一個神祕的、看不見的生物後，生活在美輪美奐的宮殿中。由於寂寞或別人唆使，公主打破了「不能偷看丈夫面容」的禁忌，使得丈夫的精神或肉體受到損害，不但宮殿消失了，丈夫也離她而去或是被可怕的巫婆抓走。為了找回失去的愛人，公主不得不長途跋涉到世界盡頭尋找巫婆或王子後母，接受種種難以完成的工作。好在是美滿的結局，王子恢復了人性，從此和公主幸福快樂地生活在一起。

即使是愛神本人，有時候也難以逃脫愛情的戲弄，丘比特與賽姬的愛情之旅歷盡曲折，然而總歸獲得了美好的結局，這也許正是愛情複雜卻又讓人嚮往的原因。

《受懲罰的輕率》漢斯‧薩茨卡 1921年

中英文名稱對照

A

Achaeans	亞該亞人
Acheron	苦河阿柯容
Achilles	阿基里斯
Actor	阿克托爾
Adonis	阿多尼斯
Adrestia	阿德瑞斯提婭
Aeacus	埃阿科斯
Aeetes	伊帖斯
Aegeus	愛琴斯
Aegina	埃革娜
Aegisthus	埃吉士圖斯
Aeneas	阿伊尼斯
Aengus	安格斯
Aethra	艾達拉
Agamemnon	阿格門儂
Agave	阿革薇
Aglaea/ Aglaia	葛拉依雅
Aigialeai	埃癸勒伊亞
Aigina	埃格娜島
Alba Longa	阿爾巴・隆加
Alcippe	阿爾基佩
Alcyone	阿爾柯妮
Aloeus	阿羅伊斯
Amalthea	阿瑪緹雅
Ammonites	亞捫人
Ampelus	安普洛斯
Amphitrite	安菲翠緹
Anatolia	安納托利亞
Anchises	安紀塞斯
Antaeus	安塔埃斯
Antigone	安緹岡妮
Antiope	安緹歐珮
Apheca	阿富卡
Aphrodite	阿芙羅黛蒂
Apollo	阿波羅
Apollodorus	阿波羅度斯

Apuleius	阿普留斯
Aquarius	水瓶座
Areion	伊利昂
Ares	阿瑞斯(馬爾斯)
Argonautica	阿果號英雄記
Argos	阿果斯
Argus	阿古斯
Ariadne	雅瑞安妮
Artemis	阿特蜜斯
Ascalaphus	阿斯卡拉福斯
Asclepius	艾斯庫拉皮斯
Asgard	阿斯嘎德
Asopos	阿蘇普斯
Aspledon	阿斯普勒冬
Astyoche	阿斯提奧克
Athamas	阿塔瑪斯
Athena	雅典娜
Atlas	阿特拉斯
Attica	阿堤卡
Avernus	阿維努斯
Azeus	阿澤斯

B

Bacchus	巴克斯
Beirut	貝魯特
Beroe	貝洛厄
Bia	比婭
Boreas	玻瑞阿斯
Briareus	布里阿留斯
Butes	布特

C

Cadmos/Cadmus	卡德摩斯
Calliope	卡萊雅碧
Callisto	卡莉斯朵

Cancer	巨蟹座
Capricornus	摩羯座
Carmanor	卡耳馬諾
Carystus	卡魯斯圖斯
Cecrops	柯可若普斯
Cenchreis	肯克瑞伊絲
Cerberus	柯爾柏若斯
Ceres	柯瑞絲
Ceto	刻托
Chaos	卡俄斯
Charites	卡里特斯
Charon	卡榮
Charybdis	恰利底斯
Chimera/ Chimaera	奇麥拉
Chiron	紀戎
Chrysaor	克律薩俄耳
Cinyras	辛尼拉斯
Circe	瑟西
Clio	克萊歐
Clytemnestra	克萊婷
Cocytus	慟河柯庫圖斯
Coeus	柯俄斯
Colchis	科爾基斯島
Corinth	科林斯
Cratus	克拉托斯
Creon	克里翁
Crete	克里特島
Cronus	克羅納斯
Cupid	丘比特
Cybele	庫柏勒
Cyclades	基克拉迪群島
Cyclopes	賽克羅普斯

D

Daedalus	戴達洛斯
Dana	黛娜
Danaë	達妮葉
Danaids	達納俄姊妹
Danaus	達納俄斯
Deimos	代伊摩斯

Delos	德洛斯島
Demeter	黛美特
Despoina	德斯波伊娜
Dia	迪亞島
Dino	狄諾
Diomedes	狄奧梅德斯
Dione	戴歐妮
Dionysus	戴奧尼索斯
Doris	朵莉絲
Droupnir	德羅普尼爾

E

Ea	埃阿
Echidna	厄喀德娜
Edoni	埃多尼亞
Eëriboea	厄里波姬
Electra	伊蕾特拉
Elephenor	埃勒斐諾爾
Emain Ablach	蘋果樹島
Emerald Tablet	翠玉錄
Enipeus	厄尼普斯
Enki	恩基
Enyo	恩佑
Ephialtes	艾菲亞迪斯
Erato	埃瑞朵
Eratosthenes	艾拉托色尼
Ereshkigal	艾莉什克迦
Erichthonius /Erechtheus	艾瑞克修斯
Erinyes	厄里倪厄斯
Eris	艾莉絲
Eros	艾若斯
Etna volcano	埃特納火山
Eucleia	歐克勒亞
Eumenides	和善女神歐墨尼得斯
Eupheme	歐斐墨
Euphrates	幼發拉底河
Euryale	歐律阿勒
Eurynome	尤瑞諾美
Euterpe	尤特碧
Euthenia	歐赦涅亞

F

Faunus　　　　　　　　法努斯
Freki　　　　　　　　　弗雷齊

G

Gaea　　　　　　　　　蓋亞
Gaius Valerius Flaccus　瓦勒里烏斯‧弗拉庫
　　　　　　　　　　　斯
Ganymede　　　　　　　甘米德
Gemini　　　　　　　　雙子座
Geri　　　　　　　　　基利
Geryon　　　　　　　　格瑞昂
Geshtinanna　　　　　　吉什亭安娜
Gibil　　　　　　　　　基比爾
Glaucus　　　　　　　　葛勞科斯
Gorgon　　　　　　　　郭珥貢
Graces　　　　　　　　美儀女神葛瑞斯姊妹
Gungnir　　　　　　　　岡格尼爾

H

Hades　　　　　　　　　黑帝斯
Hailrrhothius　　　　　　哈利羅提奧斯
Harmonia　　　　　　　哈摩妮雅
Harpy　　　　　　　　　人鳥妖
Hebe　　　　　　　　　赫蓓
Hecate　　　　　　　　海卡蒂
Hector　　　　　　　　赫克特
Helen　　　　　　　　　海倫
Helios　　　　　　　　　赫利歐斯
Helle　　　　　　　　　赫蕾
Hephaestus　　　　　　　赫費斯托斯
Hera　　　　　　　　　赫拉
Hercules　　　　　　　　海克力斯
Hermaphrodite　　　　　荷米芙羅黛蒂
Hermaphroditus　　　　　荷米芙羅黛蒂圖斯
Hermes　　　　　　　　荷米斯

Hermes Trismegistus　　荷米斯‧特瑞斯吉斯
　　　　　　　　　　　圖斯
Herse　　　　　　　　　赫爾斯
Hesperides　　　　　　　赫斯珀里得斯
Hestia　　　　　　　　　赫斯提亞
Horae　　　　　　　　　荷賴
Hugin　　　　　　　　　修金
Hyacinth　　　　　　　　海亞辛斯

I

Idas　　　　　　　　　艾達斯
Iliad　　　　　　　　　伊里亞德
Illuyanka　　　　　　　　伊柳楊卡
Inanna　　　　　　　　伊南娜
Inara　　　　　　　　　伊娜拉
Ino　　　　　　　　　　伊諾
Io　　　　　　　　　　　愛奧
Ishtar　　　　　　　　　伊絲塔
Ixion　　　　　　　　　伊克西翁

J

Janus　　　　　　　　　簡努斯
Jason　　　　　　　　　傑森
Jupiter　　　　　　　　　朱比特

K

L

Ladon　　　　　　　　　拉冬
Lalmenus　　　　　　　　伊阿爾墨諾斯
Laomedon　　　　　　　拉奧梅東
Lemnos　　　　　　　　連諾斯島
Leo　　　　　　　　　　獅子座
Ler　　　　　　　　　　李爾
Lesbos　　　　　　　　　列士波斯島
Lethe　　　　　　　　　忘川
Leto　　　　　　　　　　麗朵

參考書目

[1] 《工作與時日・神譜》，賀希歐；張竹明/譯；商務印書館，1997。

[2] 《伊里亞德》，荷馬；陳中梅，譯；譯林出版社，2000。

[3] 《奧迪賽》，荷馬；陳中梅，譯；譯林出版社，2003。

[4] 《阿果號英雄記》，阿波羅尼奧斯；羅逍然，譯；華夏出版社，2011。

[5] 《阿伊尼斯記》，維吉爾；楊周翰，譯；譯林出版社，1999。

[6] 《變形記》，奧維德；楊周翰，譯；人民文學出版社，1984。

[7] 《鳩格米西》，佚名；趙樂甡，譯；譯林出版社，1999。

[8] 《古羅馬詩選》，佚名；飛白，譯；花城出版社，2001。

[9] 《阿普留斯變形記》，阿普留斯；劉黎亭，譯；譯文出版社，1988。

[10] 《金枝》詹姆斯・喬治・弗雷澤；徐育新、汪培基、張澤石，譯；新世界出版社，2006。

[11] Apollodorus，James G. Frazer. The Library [M]. Boston：Harvard University Press，1921.

[12] GRAVES R. The Greek Myths [M]. London：Penguin Books，2011.

THE SECRETS Of GODS
希臘男神藝術圖鑑

神話×名畫×希臘十大男神的祕聞傳說

國家圖書館出版品預行編目（CIP）資料

希臘男神藝術圖鑑：神話×名畫×希臘十大男神的祕
聞傳說／席路德作.-- 初版.-- 臺北市：城邦文化事
業股份有限公司麥浩斯出版：英屬蓋曼群島商家庭傳
媒股份有限公司城邦分公司發行, 2021.05
　　面；　公分
ISBN 978-986-408-668-9(平裝)

1. 希臘神話 2. 圖錄

284.95　　　　　　　　　　　　　　　　110005145

作者	席路德
校對	Jil Hung
責任編輯	謝惠怡
美術設計	郭家振
行銷業務	謝宜瑾

發行人	何飛鵬
事業群總經理	李淑霞
副社長	林佳育
主編	葉承享
出版	城邦文化事業股份有限公司麥浩斯出版
E-mail	cs@myhomelife.com.tw
地址	104台北市中山區民生東路二段141號6樓
電話	02-2500-7578
發行	英屬蓋曼群島商家庭傳媒股份有限公司城邦分公司
地址	104台北市中山區民生東路二段141號6樓
讀者服務專線	0800-020-299（09:30～12:00;13:30～17:00）
讀者服務傳真	02-2517-0999
讀者服務信箱	Email: csc@cite.com.tw
劃撥帳號	1983-3516
劃撥戶名	英屬蓋曼群島商家庭傳媒股份有限公司城邦分公司
香港發行	城邦（香港）出版集團有限公司
地址	香港灣仔駱克道193號東超商業中心1樓
電話	852-2508-6231
傳真	852-2578-9337
馬新發行	城邦（馬新）出版集團Cite（M）Sdn.Bhd.
地址	41, Jalan Radin Anum, Bandar Baru Sri Petaling, 57000 Kuala Lumpur, Malaysia.
電話	603-90578822
傳真	603-90576622

總經銷	聯合發行股份有限公司
電話	02-29178022
傳真	02-29156275

製版印刷	凱林彩印股份有限公司
定價	新台幣450元／港幣150元

2021年05月初版一刷・Printed In Taiwan
版權所有・翻印必究（缺頁或破損請寄回更換）
ISBN　978-986-408-668-9